KB033500

ИССЛЕДОВАНИЕ СОВРЕМЕННЫХ РУССКОЯЗЫЧНЫХ КОРЕЙЦЕВ 10

Родина Корёсарам : Дальний Восток России

Троякова Тамара Гавриловна

Кандидат исторических наук
Дальневосточный федеральный университет

ИССЛЕДОВАНИЕ СОВРЕМЕННЫХ РУССКОЯЗЫЧНЫХ КОРЕЙЦЕВ 10

Родина Корёсарам : Дальний Восток России

First published 2022. 2. 18.
First paperback edition 2022. 2. 25.

Author	Троякова Тамара Гавриловна
Publisher	Yoon Gwanbaek
Publishing House	도서출판 선인
Business registration number	# 5-77 (1998.11.4)
Address	1, Nambusunhwan-ro 48-gil, Yangcheon-gu, Seoul, Republic of Korea
Phone	+82-2-718-6252/6257
Fax	+82-2-718-6253
E-mail	sunin72@chol.com

₩ 33,000

ISBN 979-11-6068-686-9 94900
ISBN 979-11-6068-676-0 (set number)

This work was supported by the Program for studies of Koreans abroad through the Ministry of Education of the Republic of Korea and Korean Studies Promotion Service of the Academy of Korean Studies (AKS-2016-SRK-1230003)

Корейский институт международных отношений университета Донгук Исследовательские книг 17

Центр исследований человека и будущего университета Донгук Исследовательские книг 15

ИССЛЕДОВАНИЕ СОВРЕМЕННЫХ РУССКОЯЗЫЧНЫХ КОРЕЙЦЕВ 10

Родина Корёсарам : Дальний Восток России

Троякова Тамара Гавриловна

Предисловие

Настоящее исследование – результат трёхлетней работы, проведённой при поддержке Академии корееведения, в 2016 г. утвердившей данный проект в рамках секции «Планирование исследований в отдельных областях корееведения. Исследования зарубежных корейцев». В данной работе была предпринята попытка всесторонне рассмотреть, где и как живут корейцы России и стран Центральной Азии.

Более 160 лет назад корейцы, спасаясь от бедности и произвола местных чиновников, стали переселяться в приморские области России, переходя через реку Туманган (Туманная). Ныне живущие корёины (корё-сарам) – потомки этих переселенцев в четвёртом, пятом и даже шестом и седьмом поколениях. Первыми через Туманган переправились всего 13 дворов, чуть больше сорока человек, сейчас же диаспора корёинов насчитывает более 500 тысяч человек.

Сообщество корёинов, сформировавшее собственную идентичность как граждан Советского Союза, после распада СССР столкнулось с масштабным кризисом, когда страна оказалась разделена на 15 государств, а бывшие граждане СССР стали гражданами России, Казахстана, Узбекистана и так далее. Условия жизни в процессе перехода от социалистического общественного уклада к капиталистическому значительно изменились. Корёинам необходимо было приспособиться к новым реалиям независимых государств и изменившегося общества. Распад СССР породил масштабную этническую миграцию. Корёины оставляли позади колхозы и городские предприятия, с которыми привыкли себя ассоциировать, и отправлялись на поиски новой жизни.

Это было тяжёлое для всех время. Россия, страна-приемник распавшегося Советского Союза, вскоре объявила технический дефолт, российская экономика оказалась в затяжной рецессии. В независимых странах Центральной Азии начала подниматься волна национализма. Это время особенно тяжелым стало для корёинов, которые не были исконными жителями этих земель. Холодная война закончилась, но её влияние всё ещё ощущалось, поэтому рассчитывать на достаточную помощь от исторической родины также не приходилось.

Но перемены и трудности могут открывать и новые возможности. К тому же у корёинов был опыт принудительного переселения, тягости которого они смогли с достоинством преодолеть. С течением времени корёины постепенно стали находить своё место в России и странах Центральной Азии, начали проявлять себя во всех сферах общественной жизни. Они смогли войти в политические круги и занять официальные посты, приспособиться к капиталистической системе и показать впечатляющие экономические результаты силами собственных навыков и умений. Больших успехов достигли корёины и в сферах культуры и искусства, среди них появились выдающиеся олимпийские чемпионы, призёры кубков мира. Как и во времена Советского Союза, появлялись среди корёинов и уважаемые в академическом сообществе учёные. Эти люди создавали многочисленные ассоциации, общества сохранения национальной культуры и смогли утвердить новую идентичность корёинов как одного из этнических меньшинств России и стран Центральной Азии.

Данная серия научных работ является результатом исследования, посвящённого выдающимся корёинам современной России и стран Центральной Азии. Исследование отвечает на вопросы, кем являются эти люди, возглавляющие национальную диаспору корёинов, где и в каких сферах они активны, какое будущее ждёт корёинов.

Для всестороннего изучения современного положения корёинов это сообщество было разделено на географические и поколенческие группы со своими характерными признаками.

Географически корёины были разделены на 8 основных групп:

Пристанище для уехавших из Центральной Азии:

Сибирь;

В поисках новой жизни: Юг России;

Место принудительной мобилизации: Сахалин;

Принудительное переселение (1): Казахстан;

Принудительное переселение (2): Узбекистан;

Вновь переселившиеся: корёины Республики Корея, Европы и Америки.

Поколенчески корёины были разделены на следующие 3 категории:

– ушедшие на покой старейшины: старшее поколение;

– активные деятели: среднее поколение;

– будущее корёинов: подрастающее поколение.

Используя указанную выше классификацию, мы разделили результаты трёхлетнего исследования на 8 частей, по одной на каждый географический регион. Из них 7 частей были написаны в России и были переведены на корейский язык для корейских исследователей и организаций, интересующихся историей корёинов.

Все 8 частей исследования, насколько это возможно, придерживаются единой методологии и структуры изложения; однако, несмотря на общую форму, у каждой части есть свои особенности, связанные с различиями в описываемых регионах и территориальном распределении корёинов, характере изложения материала конкретными исследовательскими группами.

Целью проектной группы было с помощью данной серии

научных работ установить более точное понимание идентичности корёинов, внести вклад в улучшение взаимопонимания между корейцами Республики Корея и корёинами, в развитие связей между Кореей и Россией, странами Центральной Азии. Именно поэтому целью проекта стали изучение, классификация и описание различных сторон жизни корёинов.

При реализации поставленных задач участники проекта столкнулись с трудностями, связанными с неоднородностью групп корёинов, расселённых в разных географических регионах с различным историко-культурным, политическим и экономическим контекстом, и постоянно находящихся в движении.

Несмотря на эти трудности, основные задачи проекта были успешно выполнены. Ответственность за возможные недочёты публикации данной серии исследований – неполноту содержания, неточности материалов и ошибки при переводе – лежит на исследовательской группе и особенно на руководителе группы. Авторский коллектив будет благодарен за критические замечания.

Руководитель исследовательского проекта.

Февраль 2022 г.
Руководитель исследования

Содержание

|Часть 2|

Формирование идентичности российских корейцев Приморского и Хабаровского краёв
: исторический опыт и современное состояние

|Часть 3|
Молодёжные организации российских корейцев Приморского и Хабаровского краёв

Часть 1

Корейская диаспора на российском Дальнем Востоке

: история и современность

Введение

Российский Дальний Восток играет особую роль в процессе формирования и деятельности российских корейцев в силу ряда факторов.

Во-первых, существуют исторические особенности, связанные с проживанием корейцев на Дальнем Востоке Российской империи, их массовым выселением в 1937 г., возвращением корейцев с начала 1990-х годов на российский Дальний Восток и их деятельностью на современном этапе.

В Дальневосточном федеральном округе (ДФО) проживает свыше трети корейцев, проживающих в Российской Федерации (РФ). Согласно Переписи населения РФ 2010 г., из общего числа 153 156 корейцев на российском Дальнем Востоке проживало 56 973 человек.[1] В Сахалинской области

---

1) Всероссийская перепись населения 2010. [Электронный ресурс]. URL http://www.gks.ru/free_doc/new_site/perepis2010/croc/perepis_itogi1612. htm

– 24 993 человека, из которых 24 752 владеют русским языком. По поводу численности корейцев, которые не владеют русским языком можно предположить, что в Приморье среди корейцев больше мигрантов из государств Центральной Азии, а на Сахалине меньше прибывших за последние годы российских корейцев. Впрочем, это гипотеза.

Можно предположить, что в настоящее время численность российских корейцев на российском Дальнем Востоке превышает данные Переписи 2010 г. Статистические данные не всегда отражают действительное состояние в силу целого ряда ограничений, связанных с проведением регулярных переписей населения.

Во-вторых, российские корейцы принимают активное участие в социально-экономической деятельности в Дальневосточном федеральном округе и играют важную роль в развитии отношений с Республикой Кореей и КНДР на региональном уровне. На современном этапе экономические связи российского Дальнего Востока с КНДР развиваются в различных формах от использования рабочей силы до осуществления деятельности в рамках соглашений о торгово-экономическом сотрудничестве с Амурской областью, Приморским краем, Хабаровским краем и Сахалинской областью.

С налаживанием нормальных межгосударственных

отношений, особенно после установления в 1990 г. дипломатических отношений между РФ и Республикой Корея, российские корейцы стали активными посредниками и участниками крепнущих связей между странами. На российском Дальнем Востоке действуют различные институты, в частности дипломатические консульства, торговые представительства, компании и общественные организации.

В работе рассматриваются исторические предпосылки формирования новых тенденций социокультурных изменений и современные проблемы российских корейцев на Дальнем Востоке России. Особое внимание уделяется анализу социальных и экономических трансформаций, а также становлению новых социокультурных практик в регионе.

Целью данной работы является исследование процессов формирования особой идентичности российских корейцев на российском Дальнем Востоке. Задачами исследования является, во-первых, анализ исторических особенностей корейского населения на Дальнем Востоке России, во-вторых, изучение роли российских корейцев в развитии отношений с Республикой Кореей и КНДР на основе деятельности официальных и общественных институтов.

Социокультурная интеграция и формирование идентичности корейской диаспоры на российском Дальнем

Востоке осуществляется посредством различных идентификационных стратегий – оппозиционной, стратегии сегрегации, ретроспективной и стратегии непрямого самоутверждения. В зависимости от степени социально-экономической автономности и культурной самобытности корейской диаспоры в регионе происходит объединение и социокультурная дифференциация полиэтничного сообщества при сохранении обособленности, но не изоляции диаспоры.

Основой культурной дифференциации корейской этнической группы в регионе является самоидентификация российских корейцев, которая обусловлена ее настоящим этнографическим и диалектным делением и связана с регионами исхода, а также плотностью информационных связей с материнским этносом. Возникновение барьеров социокультурной интеграции вызвано стратификационными различиями как в полиэтничном сообществе, так и внутри корейской диаспоры.

Для изучения способов социокультурной интеграции российских корейцев в регионе автором использовался социокультурный подход, базирующийся на двух принципах. Во-первых, это принцип сочетания разных основ культуры, в которой одновременно сосуществуют как традиционные компоненты, так и новые. Во-вторых, принципа социальной обусловленности смены культурных приоритетов, который включает принцип различения исторических и общецивилизационных условий формирования корейской диаспоры. При выявлении особенностей формирования идентичности корейской диаспоры в трансформирующемся российском обществе были использованы методы сравнительного анализа, ивент-анализа и контент-анализа.

В современной научной литературе преобладают эмпирические исследования корейской общности в различных субъектах Российской Федерации. Н.Ф. Бугай, Т. В. Волкова, В.М. Ким, Ло Ён Дон рассматривают процессы социокультурной интеграции как следствие миграции представителей корейской диаспоры.[2] Социальная актуализация проблем интеграции локальных этнических групп и на сегодняшний день недостаточный уровень их научной разработанности, в частности, вопросов координации социально-интеграционного процесса в российском обществе и формирования идентичности российских корейцев, обусловили выбор темы книги.

---

2) Бугай Н.Ф. Российские корейцы: новый поворот истории. 90-е годы. М, 2000; Бугай Н. Российские корейцы: перемены, приоритеты, перспектива. М.: 2014; Волкова Т.В. К 140-летию переселения корейцев в Россию. Российские корейцы: к вопросу о самоидентификации // Этнографическое обозрение. 2004. № 4;Ким В.М. Свои среди чужих. // Российские корейцы. 2000. № 5; Ло Ён Дон. Проблема российских корейцев: история и перспективы решения. М., 2005.

Глава 1

Исторические особенности формирования идентичности российских корейцев

В рамках задач этого исследования в данной главе рассматриваются сюжеты, связанные с процессом заселения региона на протяжении второй половины XIX и начала XX вв. После подписания Пекинского договора в 1860 г. Россия получила в основном малообжитую территорию, на которой русские были представлены в основном военными, чиновниками и ссыльнопоселенцами.

Добровольное переселение корейцев в Россию было связано с социально-экономическим фактором, прежде всего, поиском жизненных ресурсов. Последующее формирование корейской диаспоры происходило вследствие политического фактора – репрессии и насильственной депортации корейского этнического меньшинства, в результате которой корейцы были выделены в определенную социальную этническую группу, которая в силу своего статуса потеряла право на самостоятельное социокультурное развитие. В дальнейшем это способствовало элементам тенденции замкнутости как условия сохранения культурной самобытности и формированию корейской диаспоры, что явилось фактором социокультурной дезинтеграции корейской диаспоры и предпосылкой формирования собственной идентичности.

Важной особенностью процесса формирования населения было слияние нескольких миграционных потоков, в частности корейской иммиграции. Иммиграционную активность стимулировали, с одной стороны, негативные условия, в частности тяжелое социально-экономическое положение, политическое и национальное угнетения в Корее. С другой стороны, - поиск новых возможностей, которые были предоставлены в России. «Правила для поселения русских и иностранцев в Амурской и Приморской областях Восточной Сибири», которые были утверждены в апреле 1861 г., стали законодательной основой для стимулирования притока иностранцев.

Корейцы начали переселяться на дальневосточные окраины Российской империи в середине XIX века.

Присоединение Южно-Уссурийского края к Российской империи происходило на фоне политики самоизоляции Корейского государства. Переселенцы получали наделы земли и занимались земледелием в основном на Посьетском участке Южно-Уссурийского края. Массовый характер иммиграция приобрела в период с 1869 по 1884 гг. Между Россией и Кореей до 1884 г. отсутствовали дипломатические отношения, и миграция корейцев в эти годы на территорию Приамурского края носила неофициальный характер. С начала 1890-х годов численность корейских иммигрантов росла и распространилась на города. В последующие годы численность корейской иммиграции достигала значительных масштабов, связанных с событиями русско-японской войны, Первой мировой войны и революционных событий.

Обзор дореволюционных публикаций о корейских переселенцах

Уже в конце XIX в. появляются работы государственных деятелей царской администрации, чиновников, военных и публицистов. Они в силу своих должностных обязанностей имели непосредственный опыт общения с корейскими переселенцами и поэтому использовали в своих исследованиях, как личные наблюдения, так и материалы официального характера, что придает их работам особую ценность. Их труды освещают причины массовой иммиграции, социально-экономическое и правовое положение корейских переселенцев в Приморье. Работы насыщены фактическими и статистическими материалами, что дает возможность не только проследить эволюцию иммиграционной политики царского правительства России в дальневосточном регионе страны, но и понять сущность рассматриваемого общественно-исторического явления. Эти публикации являются важными источниками для понимания истории корейской иммиграции.

В 1885 г. появилась статья И. Надарова об Уссурийском крае, в которой вопрос о корейской иммиграции на российский Дальний Восток освещался с точки зрения государственных интересов Российской империи.[1]

По взглядам этих авторов можно разделить на две группы. Одни симпатизировали корейцам-переселенцам и выступали в их защиту, другие боролись против «желтой колонизации» и выступали за ограничение и запрет корейской иммиграции.

Среди работ первого направления особое место

---

[1] Надаров И. Материалы к изучению Уссурийского края. //Сборник географических, топографических и статистических материалов Азии. Вып. 26. СПб., 1887.

занимает исследование востоковеда Семёна Васильевича Недачина, в которой он утверждал, что корейцы являются одной из подходящих иммигрантских групп для заселения Дальнего Востока России. Им были предложены конкретные шаги по урегулированию корейского вопроса на Дальнем Востоке России.[2]

К наиболее ярким представителям второй группы авторов следует отнести П.Ф. Унтербергера, который в конце XIX в. был губернатором Приморской области, а в 1905-1910 гг. занимал пост Приамурского генерал-губернатора. Содержание его первого труда отражает в целом сдержанное отношение губернатора к корейскому населению Приморья.[3] Его вторая книга была закончена после поражения России в русско-японской войне, аннексии Кореи рвущейся к гегемонии на Дальнем Востоке Японией и второй волны корейской иммиграции в Приморье и в ней он выступил против переселения корейцев.[4]

Обширные статистические сведения о корейском населении Приморья содержатся в работах Ф. Вебеля и А. Рагозы.[5] Эти авторы в силу своих должностных обязанностей

---

2) Недачин С. Корейцы-колонисты. К вопросу о сближении корейцев с Россией. // Восточный сборник, издание общества русских ориенталистов. 1913г.

3) Унтербергер П.Ф. Приморская область 1856-1898 гг. - СПб., 1900.

4) Унтербергер П.Ф. Приамурский край 1906-1910 гг. - СПб. 1912.

5) Вебель Ф. Поездка в Корею// Русский Вестник. 1894. № 10. С. 115-153; А. Рагоза, Краткий исторический очерк переселений Корейцев в наши

имели непосредственный опыт общения с корейскими переселенцами и, поэтому использовали в своих работах личные наблюдения и материалы официального характера.

Как и многие другие дореволюционные авторы, они полагали, что укрепление позиций России на берегах Тихого океана должно происходить за счет увеличения русского населения. В этой связи они придерживались жесткой позиции, высказываясь за недопущение корейской и китайской иммиграции в Россию.

Занимавший пост старшего чиновника по особым поручениям Н.А. Насекин, подробно описывал историю, хозяйство и быт корейского населения Приамурского края. Он высказался против выселения в Корею тех корейцев, которые переселились на территорию России после 1884 г. и в соответствии с договоренностью между Сеулом и Петербургом и циркуляром Приамурского генерал-губернатора должны были возвратиться в Корею. Впоследствии их просьбы были учтены и они получили российское подданство. Насекин писал про административное устройство, дал географический и этнографический обзор корейских селений, школьное образование. При описании массового переселения корейцев в Южно-Уссурийский край осенью и зимой 1869-

Пределы //Военный сборник. СПб., 1903. №6. С.206-222.

1970 гг., Насекин писал, что одной из причин этого движения «явилось твердое убеждение корейцев, что в России они получат полноправность, которой были лишены в Корее до того, что никто не располагал не только своей собственностью, но и жизнью».[6]

Публикации участников Амурской экспедиции являются важными источниками по истории деятельности корейцев, китайцев и японцев на Дальнем Востоке России. Прежде всего, это работа одного из руководителей Амурской экспедиции 1909-1910 гг. В.В. Граве.[7]

Поручик В.Д. Песоцкий, выпускник Восточного института во Владивостоке и участник Амурской экспедиции является автором публикации «Корейский вопрос в Приамурье».[8] В.Д. Песоцкий приводит многочисленные и подробные данные о численности населения, урожаях, получаемых корейцами с их посевных площадей, описывает имущество, дает выписки из правовых актов, на основании которых принимались решения по корейцам и т.д. В частности приводит данные по селу Тизинхе, которое было одним из первых корейских

---

6) Н.А. Насекин. Корейцы Приамурского края //Труды Приамурского Отдела Императорского Русского географического общества 189» Г. Хабаровск, 1896, С. 1-36.

7) В.В. Граве. Китайцы, корейцы и японцы в Приамурье //Труды Амурской экспедиции. Вып. XI. СПб., 1912.

8) В.Д. Песоцкий. Корейский вопрос в Приамурье //Труды Амурской экспедиции. Вып. XI. Хабаровск, 1913.

поселений.

В основном дореволюционные авторы положительно оценивали Корейскую иммиграцию и ее значение в деле развития экономики Дальнего Востока России. Вместе с тем они отмечали, что необходимо больше уделять внимания вопросу заселения Дальневосточного края русскими людьми.

Проблеме иммиграции корейцев в Россию посвящено несколько работ российских авторов, среди которых стоит отметить монографию А.И. Петрова «Корейская диаспора на Дальнем Востоке России. 60-90-ые годы XIX века».[9] По мнению А.И. Петрова, история корейской иммиграции делится на два этапа: «1) 1860-1884 гг. и 2) 1884-1897 гг. Водоразделом между ними может служить установление 25 июня 1884 г. дипломатических отношений между Русским и Корейским государствами».[10]

Важным источником датирования является архивные документы. В данном случае речь идёт о сборнике документов «Корейцы на российском Дальнем Востоке (вт. пол. XIX – нач. XX вв.)», выпущенном коллективом авторов из Российского государственного исторического архива

---

9) А. И. Петров. Корейская диаспора на дальнем Востоке России. 60-90-ые годы XIX века. – Владивосток: ДВО РАН, 2000. – 300 с.
10) Там же, с. 68.

Дальнего Востока.[11]

В этом сборнике в качестве первого документа приводится «Докладная записка исправляющего должность инспектора линейных батальонов Восточной Сибири, расположенных в Приморской области полковника Ольденбурга» от 25 сентября 1864 г.».[12]

В настоящее время официально признанной датой переселения корейцев в Россию является 1864 год, что выразилось в проведении различных мероприятий по празднованию 140-летия и 150-летия добровольного переселения корейцев в Россию. Примечательно, что корейская община Приамурского генерал-губернаторства планировала установить памятник по случаю 50-летия переселения корейцев в Приамурский край в 1914 г. Был организован Комитет по устройству празднования годовщины переселения и проведен съезд выборных представителей корейских сельских обществ и городских корейцев Владивостока и Никольска-Уссурийского. Однако губернатор Приморской области генерал-майор А.Д. Сташевский отказался выдать разрешение на празднование этого события.

Главной причиной корейской иммиграции было

---

11) Корейцы на российском Дальнем Востоке (вт. пол. XIX – нач. XX вв.). Документы и материалы. – Владивосток: Изд-во Дальневост. ун-та , 2001. – 380 с.

12) Там же, с. 17.

стремлении улучшить своё тяжёлое материальное положение. Корейская иммиграция в рассматриваемый период носила трудовой, прежде всего земледельческий характер. Основным контингентом иммигрантов были представители беднейшего корейского крестьянства. Эти люди несли с собой в Россию свою традиционную культуру. Компактное проживание в приграничной территории России и регулярные контакты с соотечественниками в Корее не вызывало особой необходимости в изучении русского языка. Однако для принятия подданства Российской империи от корейских иммигрантов требовалось принятие православия. Для приобщения молодых корейцев к русскому языку и культуре основная ставка российским правительством и местной администрацией делалась, помимо церкви, на школу.

В начале 1890-х годов в большой части корейских поселений имелись церковноприходские школы или школы грамоты. Знание русского языка позволяло корейцам получить хорошую работу и стать полноправными членами российского общества в рамках, существовавших в ту пору сословий. Таким образом, школы были связующим звеном между русской и корейской культурами.

Большой проблемой было распространение среди корейцев православной религии. В первую очередь это было связано с непониманием процедуры крещения, которая зачастую воспринималась как вступление в российское подданство. Православие медленно пускало корни в корейской среде.

Корейцы по мере возможностей сохраняли национальные обычаи и традиционный уклад жизни. Жилища были фанзового типа и отапливались дымоходами, проложенными под полом. В корейских деревнях не было улиц, а дома ставились посредине разрабатываемых угодий. Корейцы придерживались традиционной культуры питания. В то же время корейцы приобщались к русской пище, а русские употребляли в пищу «кимчи» и другие растительные продукты, приготовленные традиционным корейским способом. Взаимопроникновение русской и корейской культур происходило во всех сферах жизнедеятельности крестьян, проживавших на российском Дальнем Востоке.

Можно утверждать, что в культурном отношении корейцы, проживающие в Южно-Уссурийском крае, сохраняли собственную идентичность. Но экономические интересы заставляли их оставаться в России и интегрироваться в хозяйственную деятельность. Нехватка рабочей силы в Уссурийском крае потребовала вовлечения корейских переселенцев не только в охоту, рыболовство, солеварение, но и в сферы промышленного производства, строительства и т.д. Российские корейцы играли важную роль в ведении и расширении торговли между странами.

Самоорганизацию корейского общества в XIX веке можно разделить на две группы. К первой относится общественное управление в сельской местности по типу крестьянского самоуправления. Вторую группу составляли общественные самоуправления в городах. Их основные функции заключались в упорядочении дел общин, установлении норм и правил поведения, а также контроль их соблюдения. Выборные должностные лица контактировали с администрацией, осуществляли сбор и распределение финансовых средств на благотворительные и иные цели, проводили собрания, контролировали санитарное состояние мест проживания.

Корейское общественное управление было учреждено во Владивостоке в 1891 г. на основании временных «Правил для образования китайско-корейских обществ Приморской области», принятых чтобы улучшить надзор за переселенцами, их регистрацию, изыскивать средства на общественные нужды. На корейские общества распространялось деление на волости и вводилось волостное самоуправление. Их жизнь регулировалась сходами всего взрослого населения с выборными старостами.

Корейское самоуправление в значительной степени копировало общинную организацию в Корее, и было эффективным способом выживания в чужеродной этнокультурной среде. В 1897 г. корейское самоуправление было официально упразднено, однако продолжало существовать неформально. Сохранялось двойственное отношение к самоуправлению корейцев российских властей. С одной стороны, русская администрация проявляла заинтересованность в нем, так как осуществить контроль над исполнением законов среди корейцев было часто невозможно. С другой – власти видели опасность в наличии организации, способствовавшей сплоченности корейцев и ограниченности влияния властей на них.

В начале XX века рост числа корейских национальных обществ пришелся на годы после японской аннексии Кореи. В России развернулась активная работа корейских политэмигрантов. Основной функцией их обществ была борьба с японским господством в Корее, консолидация для оказания сопротивления японским властям. Действовали они как в городах, так и в сельской местности, и имели разветвленную сеть отделений. Главным образом они разместились в Приморской и Амурской областях.

История корейских общественных объединений еще не достаточно глубоко исследована, остается много вопросов и малоизученных страниц.

Корейские иммигранты проявляли ярко выраженное стремление к консолидации. Существовавшие в их среде общества выполняли управленческие и судебные функции. В то же время они препятствовали воздействию и контролю со стороны российских властей. Самоуправление корейцев, проживавших в сельской местности, российская администрация фактически включила в существующую в регионе систему управления, так как оно являлось самоорганизацией российских подданных.

После окончания русско-японской войны 1904-1905 гг. и установления протектората Японии над Кореей поток корейских иммигрантов в Россию увеличился. Аннексия Кореи в 1910 г. стала логическим результатом колониальной политики Японии.

История корейцев на Сахалине берет свое начало со второй половины XIX века, когда корейцы покидали свою родину в поисках лучшей жизни. После победы в Русско-японской войне Япония получила в свои владения территории Южного Сахалина. Согласно 9 статье Портсмутского договора, граница проходила по 50 параллели северной широты. В 1907 г. по указу японского императора на острове было основано губернаторство «Карафуто», которое до 1943 г. было колонией, а 1 апреля 1943 г. официально вошло в состав японских владений. После получения Южного Сахалина Япония начала активный процесс заселения. Первоначально остров заселялся преимущественно японцами. Изначально на Южном Сахалине проживало сравнительно небольшое количество корейцев. В 1910 г. в Карафуто проживало всего

33 корейца. В 1915 г. их количество оставалась прежним. Рост численности корейского населения начался после 1920 г. С 1921 по 1925 г. численность корейского населения выросла с 467 до 3533 человек. Развитие целлюзно-бумажной промышленности, а затем угольной, требовало большого количества дешевой рабочей силы, которую привозили из Кореи. Бурное развитие угольной промышленности началось со второй половины 1930-х гг. Высокая заработная плата и достаточно небольшой срок работы привлекал корейцев. По истечению срока договора, корейцы уезжали обратно в Корею, а некоторые оставались на острове и к ним приезжали семьи. С февраля 1942 по сентябрь 1944 г. был организован «Государственный организованный набор», когда японское правительство объявило об организации трудовой повинности. Началась насильственная вербовка корейцев для работы на Карафуто и в Японии.

После подписания в 1925 г. Пекинского договора, Северный Сахалин был освобожден от японской оккупации. Некоторые корейцы решили остаться на север острова в качестве резидентов. Согласно переписи населения на Северном Сахалине в 1931 г. проживало 1767 корейцев. В основном, корейцы работали на рыбных промыслах, а также в угольной и нефтяной промышленности. В 1937 г. корейские жители Северного Сахалина подверглись депортации. Всего было вывезено 1155 человек.[13)]

При этом изменился состав корейского населения на российской территории в сторону преобладания политических эмигрантов, которые стали объединяться в различные организации. Владивосток превратился в один из зарубежных центров корейской политической эмиграции наряду с Сан-Франциско в Соединенных Штатах и Шанхаем в Китае. Хотя администрация Приамурского генерал-губернаторства и правительство Российской империи не поддерживало военную деятельность корейских патриотов на приграничной с Кореей и Китаем российской территории.

Организация «Кунминхве» возникла в Корее в 1904 г. и просуществовало непродолжительное время, возродившись затем в США. К концу 1909 г. в России было открыто 12 городских отделений общества, а в 1914 г. в Сибири и на Дальнем Востоке насчитывалось уже 33 его отделения, во главе которых стояло Сибирское территориальное управление общества со штаб- квартирой во Владивостоке. Целью Корейского национального общества было развитие народного образования и ремесел, регулирование свободы и равноправия народа, восстановление независимости

---

13) Кузин, А. Т. К истории политических репрессий и депортации сахалинских корейцев // Вопросы современной науки и практики. – 2010. – Вып. 4-6. – С. 290-299.

Кореи и народное благо. Отделение «Кунминхве» на Дальнем Востоке, кроме развертывания широкой культурно-просветительской и экономической деятельности, мобилизовало корейское население на антияпонскую борьбу.[14] На первом этапе в работе отделений «Кунминхве» активное участие принимали многие лидеры корейского антияпонского патриотического движения. Они установили связь с национальными организациями Кореи и Маньчжурии и работали среди местного корейского населения. В связи с расширением влияния американских религиозных сил среди корейского населения, российская администрация и деятели православной церкви на Дальнем Востоке приступили к проведению мероприятий по нейтрализации действий американских миссионеров и положительно настроенных к США руководителей «Кунминхве». Обращение, распространенное среди корейцев России, и другие меры дальневосточных властей, направленные против попыток использовать «Кунминхве» в интересах США, помогли ослабить влияние общества на русском Дальнем Востоке. А корейцы, принявшие пресвитерианство, стали переходить в православие.

В поисках новых форм организации национально-патриотических сил для борьбы за освобождения Кореи

---

[14] Пак Б.Д. Корейцы в Российской империи. Иркутск, 1994. С. 180.

было создано общество «Квонопхве» (Общество развития труда») в ноябре 1911 г.

Среди российских чиновников считалось, что только утверждение русскими властями устава легального корейского общества, о чем корейцы неоднократно просили, смогло бы защитить корейцев Дальнего Востока от влияния на них японцев и американцев и навсегда привлечь их к России. Провозглашенные цели этой организации носили самый общий характер. Часть лидеров общества приехала в Приморье еще до Русско-японской войны, и они имели статус русских подданных. В структуре «Квонопхве» лидеры занимались помощью в становлении корейского предпринимательства на Дальнем Востоке, налаживании связей с русскими властями и коммерсантами. Кроме того, лидеры пытались добиться участия корейцев в местном самоуправлении. Некоторые из активистов «Квонопхве» участвовали в освободительном движении против Японии как бойцы партизанских отрядов, другие сосредоточились в своей антияпонской деятельности на культурно-просветительной работе среди корейского населения. Согласно уставу, в члены Квонопхве могли вступать только русскоподданные корейцы. Однако в общество привлекались и корейцы, не имевшие русского подданства, бежавшие из Кореи по политическим мотивам. Устав общества призывал своих членов к честному труду, стремился "научить его экономическим правилам, насаждать просвещение, воспитывать понятия и чувства, присущие гражданам Великой России".15) Но в уставе Квонопхве имелись пункты, в значительной мере сковывавшие деятельность общества. Так, пункт 6 разрешал обществу открывать свои отделения только в пределах Приморья. В пункте 8 было записано, что учащиеся низших и средних учебных заведений и лица, состоящие на военной и военно-морской службе, не имеют права на вступление в общество. Квонопхве в любое время могло быть закрыто по распоряжению русской администрации. Несмотря на все эти ограничения, оно развернуло широкую просветительскую и экономическую деятельность.

Руководители антияпонского движения использовали «Квонопхве» для антияпонской борьбы. В 1914 г. японское правительство предъявило русскому правительству материалы об антияпонской деятельности членов «Квонопхве» и потребовало его закрытия. В августе 1914 г. отделение общества было закрыто во Владивостоке, а вслед за тем закрылись и все другие отделения. Однако «Квонопхве» не прекратило своего существования и продолжало действовать в Никольско-Уссурийском и других уездах губернии вплоть до 1917 г., а его руководство

---

15) Пак Б.Д. Корейцы в Российской империи. Изд. Иркутск, 1994. С. 186.

безуспешно добивалось легализации своей деятельности. Стоит признать, что эта организация внесла свой посильный вклад в формирование идеологических течений, которые оказали влияние на последующие судьбы независимой Кореи.

Опыт, приобретенный старой администрацией, во многом оказался пригодным и в советское время, особенно в условиях Гражданской войны, когда становились дороги любые союзники. Корейское население России с воодушевлением восприняло известие о победе Февральской революции, приветствуя образование Советов и поддерживая проводимые ими мероприятия. Корейское население начало организовывать свои общества в условиях уже новой России.

В мае 1917 г. в городе Никольск-Уссурийском состоялся Всероссийский съезд делегатов от граждан корейцев с участием более ста с лишним корейцев из разных мест, в том числе из Маньчжурии. Было также немало бывших членов «Квонопхве». На съезде обсуждали вопросы о войне, об отношении корейского населения к Временному правительству, о борьбе с наследием русификации, реформе корейских школ, самоуправлении корейцев и о корейском представительстве в Учредительном собрании.

Сам факт проведения подобного многодневного и многолюдного форума является примером роста политического сознания российских корейцев от первых самостоятельных образований на уровне корейских поселений до создания региональной организации. Более того во время обсуждения различных вариантов развития организации прозвучало предложение создать всероссийскую организацию корейских граждан, проживающих в России. Съезд, отправив приветственную телеграмму Временному правительству, поддержал его политику и решение о продолжении войны до победного конца, ходатайствовал перед правительством о предоставлении корейцам "культурной автономии" и выделении одного места представителю корейского населения в будущем Учредительном собрании. Была принята резолюция об отделении школы от церкви, но руководители съезда боялись ребром поставить вопрос о коренной реформе корейских школ, сопротивляясь попытке меньшинства ввести в корейской школе преподавание родного языка в качестве главного предмета.

"Буржуазно-националистические" элементы, представившие большинство на съезде, сформировали состав Всероссийского центрального исполнительного комитета корейских национальных обществ с резиденцией в Никольск-Уссурийске. Председателем этой первой центральной организации корейцев являлся Мун Чан-Бом, вице-председателем -Хан Мен-Ше и главным редактором печатного органа "Ченгу Шинбо" - Юн Хэ.

На съезде присутствовали и представители революционного течения, поддерживавшего большевиков. Не получив большинства голосов, они покинули собрание. Это показывает, что многими корейскими эмигрантскими обществами руководили националисты, а не революционеры.

Почти все покинувшие съезд делегаты не были русскими подданными. На съезде были затронуты вопросы национального самоопределения, продовольственная и земельная проблемы, а также управление корейским населением и школами. Политические условия, создавшиеся на Дальнем Востоке, способствовали активизации деятельности корейского национального движения и позволили корейской диаспоре организовать в Приморье один из мощных центров освободительного движения против японского колониализма.

Таким образом, за сравнительно короткий период – конец 1850-х – 1917г. было фактически апробировано несколько моделей взаимодействия власти и корейским населением, что выражалось в изменении законодательства, которое регулировало его проживание и хозяйственную деятельность.

Корейские иммигранты успешно интегрировались в экономическое пространство принимающего общества. Их роль в развитии экономики можно рассмотреть в двух ракурсах: иностранное предпринимательство и капиталовложения в торгово-промышленной сфере и влияние иностранных рабочих на рынке труда. Они восполнили недостаток демографического потенциала российского населения, обеспечив прилив предпринимательского капитала и рабочей силы, способствовали развитию многих отраслей городского хозяйства. Можно говорить о том, что корейское население внесло весомый вклад в освоение и экономическое развитие российского Дальнего Востока.

Период с 1917 по 1922 гг. является особым в истории Приморья. События Февральской и Октябрьской революций, продолжавшаяся Первая мировая война и начавшаяся гражданская война, иностранная военная интервенция привели к дестабилизации жизни региона.

Революционные потрясения 1917 г., Гражданская война, их причины — тема, постоянно приковывающая внимание как отечественных, так и зарубежных историков.

Массовые миграции этого времени носили стихийный характер и трудно поддавались учету. В эти годы происходило массовое переселение корейцев на российскую территорию. Если в 1917 г. в сельских районах юга Приморской области было зарегистрировано 52,3 тысячи корейцев, то в 1923 г. – 91,6 тысяч.[16]

---

16) Кремлянский С.Е. Национальный состав сельского населения Приморской губернии // Экономическая жизнь Приморья.

Корейская политическая эмиграция не только находила убежище в регионе, но и получала покровительство со стороны советских властей. Однако это касалось только той ее части, которая вступила в сотрудничество с советской партийной элитой и лидерами Коминтерна. Участники корейского революционного и партизанского движения, находясь на советской территории, зачастую выходили из-под партийно-государственного контроля. Они многократно пересекали границу, организовывали тайные совещания, собирали денежные средства, приобретали оружие. Такая деятельность корейских революционеров вызывала недовольство и раздражение советских властей, что выражалось в противоречивом отношении к присутствию корейского населения в Приморье.

В этот период основная масса корейцев в Приморье продолжала существовать за счет доходов от земледелия. В 1929 г. сельско-хозяйственным трудом занимались 23 283 корейских хозяйства, где проживало 129 673 человека.[17] В 1930-е годы корейские крестьяне подвергались всеобщей коллективизации. Репрессии, сопутствовавшие раскулачиванию корейских крестьян, вынудили многих их них покинуть приграничные территории.

Владивосток, 1924. №4(8). С.33.

17) Ткачева, Г.А. В условиях неравенства // Россия и АТР Владивосток. 1994. № 2. — С. 79—87. С.82.

Центральные и местные власти пытались решить корейский вопрос двумя путями. Во-первых, за счет прекращения самовольного притока корейских иммигрантов в Приморье. Во-вторых, за счет переселения части корейцев в другие районы Дальнего Востока. Было указано категорически воспретить самовольный въезд из-за границы иностранцев, а на сельсоветы возлагалась ответственность за укрывательство лиц, пришедших нелегально. Однако в 1920-е годы пограничники были бессильны сдержать приток иммигрантов из Кореи.

Трудности землеустройства корейцев отразились и на предоставлении им советского гражданства. В первые годы советской власти был введен упрощенный порядок прохождения этой процедуры для трудящихся корейцев, поселившихся в Приморье до 1918 года. Поток заявлений о приеме в советское гражданство ежегодно исчислялся несколькими тысячами, и власти не успевали их рассматривать. В 1926-1927 годах появляются решения Далькрайкома ВКП (б) об ограничении и прекращении принятия корейцев в советское гражданство в связи с остротой проблемы их землеустройства. Исключение делалось лишь для некоторых категорий корейцев: членов ВКП (б), выборных советских органов и т.д.

Одновременно была сделана попытка отселить часть корейских крестьян из Южного Приморья в другие районы

Дальнего Востока. Корейцы отрицательно восприняли решение о переселении из Владивостокского округа и отказывались уходить с освоенных ими мест. В связи с этим впервые была предпринята попытка принудительного переселения. Ей подверглись задержанные на границе корейцы, бежавшие из сел Приморья во время раскулачивания и коллективизации.

Советская администрация, как и ранее царская, была обеспокоена наплывом «желтых» иммигрантов из Кореи. Эта проблема неоднократно ставилась на обсуждение органов власти разных уровней – от местного до центрального. 5 января 1926 года было решено «принять все доступные меры для прекращения притока китайцев и корейцев на советскую территорию», считая его серьезной опасностью для края.[18]

Местные партийные органы относились к предоставлению корейцам советского гражданства весьма осторожно, подозревая корейцев в "неблагонадежности" и "японском шпионаже". Это было обусловлено и объективными причинами, среди которых необходимо отметить военную интервенцию Японии, которая, с одной стороны, подавляла корейское освободительное движение и нападала на корейцев Приморья, а с другой, использовала часть корейцев

---

18) Бугай, Н.Ф. Корейцы в СССР: из истории вопроса о национальной государственности // Восток. 1993. №2. С. 152.

в своих интересах во время оккупации.

Член центрального бюро Корейской компартии Хан Мен Се, предложив создание корейской автономии, настаивал на том, чтобы корейское население, организованное в национально-культурную единицу, взяло "на себя инициативу по ликвидации очагов японского шпионажа". Но его концепция не была реализована.

Окончательно проблема иммиграции корейцев и их присутствия в регионе в советский период была снята посредством поголовной принудительной депортации. В сентябре – октябре 1937 года специально организованными железнодорожными эшелонами 172 тысячи корейцев из Дальневосточного края были вывезены в Среднюю Азию и Казахстан. Этот год вошел в историю советского периода как год массового террора и репрессий и явился в летописи корейцев бывшего СССР самой трагической главой.

В объединенном постановлении Совета Народных Комиссаров Союза ССР и Центрального Комитета ВКП(б) от 21 августа 1937 г. "О выселении корейского населения из пограничных районов Дальневосточного края", подписанным Молотовым и Сталиным, было решено депортировать всех дальневосточных корейцев. Согласно краткой преамбуле этого постановления депортация корейцев была запланирована в «целях пресечения проникновения японского шпионажа в Дальневосточный край».

28 сентября 1937 г. Совнарком СССР за подписью Молотова и Петруничева принял дополнительное постановление "О выселении корейцев с территории Дальневосточного края" о тотальной депортации корейцев со всех без исключения территорий ДВК, включая глубинные районы и соседние области. На основании этого правительственного решения в спешном порядке выявлялись, задерживались, подвергались арестам и депортации корейцы, проживавшие или проходившие учебу в городах центральной части России, где корейцев с таким же успехом могли подозревать в шпионаже в пользу нацистской Германии, фашистской Италии и т.д. В этой связи ссылка на "превентивность" и "пресечение иностранного шпионажа" как главную или единственную причину депортации, по мнению некоторых исследователей, малоубедительна и недостаточна.

В связи с обострением международной обстановки на Дальнем Востоке в начале 1930-х, советское правительство вынуждено было пойти на закрытие границ и усиление их охраны, введение режимных пограничных зон, очищение их от «нежелательного» населения, в число которых входили как определенные «неблагонадежные» категории советских граждан, так и иностранцы. Как пишет Е.Н. Чернолуцкая, «Депортации китайского и корейского населения с территории Дальнего Востока стали логическим завершением этой политики».[19]

В 1937-1938 гг., в условиях подготовки к войне с Японией, политическое руководство СССР кардинально решило вопрос о внешней миграции на Дальнем Востоке. Этнические корейцы в массовом порядке были депортированы из стратегически важных районов региона в Среднюю Азию, туда же была направлена часть проживавших на юге Дальнего Востока китайцев.

Система государственных органов, призванных регулировать внешнюю миграцию на советском Дальнем Востоке, в 1930-е гг. окончательно приобрела централизованную структуру, действовавшую на основании директив высших центральных органов власти.

К 1937 году паспортизация населения была закончена. Также существенно ужесточилась административная и уголовная ответственность за нарушение правил прописки. В связи с этим важно отметить, что если в имперский период российские государственные органы были заинтересованы в поголовной регистрации всех российских и иностранных подданных, то в период первой паспортной реформы 1932 года в СССР прописка стала значимым инструментом влияния государства на статус конкретного советского или иностранного гражданина.

---

19) Чернолуцкая, Е.Н. Вытеснение китайцев с Дальнего Востока и депортация 1938 г. // Проблемы Дальнего Востока. 2008. № 4. С. 133 – 145.

Депортация корейцев началась в сентябре 1937 года. На основании совместного постановления Совнаркома и ЦК ВКП(б) № 1428—326 «О выселении корейского населения из пограничных районов Дальневосточного края», подписанного Сталиным и Молотовым, 172 тысячи этнических корейцев были выселены из приграничных районов Дальнего Востока на новое место жительства, в Среднюю Азию. Согласно Решению Политбюро ЦК ВКП(б) № П51/734 от 21 августа 1937 года «В целях пресечения проникновения японского шпионажа в ДВК, провести следующие мероприятия: ⋯ выселить все корейское население пограничных районов ДВК⋯. и переселить в Южно-Казахстанскую область в районы Аральского моря и Балхаша и Узбекскую ССР».[20]

Депортация мотивировалась тем, что 7 июля 1937 года — японские войска вторглись в Китай, а Корея была в то время частью Японской империи. Однако обвинений в «пособничестве врагу» корейцам ДВК как народу не предъявлялось. Репрессиям подвергались также бывшие граждане про-японского государства Маньчжоу-Го и бывшие служащие Китайско-Восточной железной дороги (Приказ НКВД от 20.09.1937 г. № 00593).

С весны 1937 г. в центральной печати стали появляться публикации о японской подрывной деятельности среди

---

[20] http://www.memo.ru/history/document/corea.htm Решение Политбюро ЦК ВКП(б) № П51/734 от 21 августа 1937 года.

корейцев Приморья и о японских шпионах-корейцах. В газете «Правда» от 23 марта 1937 г., в частности, писалось о задержании корейцем-колхозником корейца-шпиона: «Корейцы – советские граждане – научились распознавать врага. Советский патриот-кореец доставил куда следует врага своего народа». Газета «Известия» от 4 сентября 1937 г., уже после постановления о выселении, сообщила о том, как с помощью председателя пограничного корейского колхоза «Борьба» Ким Иксена пограничники задержали переброшенного японцами из Маньчжоу-Го шпиона-корейца. Перед депортацией органы НКВД провели масштабные репрессии, выделявшиеся даже на фоне всплеска репрессий 1937 г. Были почти поголовно уничтожены выдвинувшиеся в послереволюционные годы руководители ВКП(б), практически все корейцы-краскомы, была уничтожена вся корейская секция Коминтерна и арестовано большинство корейцев, имевших высшее образование. Уже во время переселения органами НКВД было арестовано около 2,5 тыс. корейцев из числа подлежащих депортации. До принятия постановления о депортации в Дальневосточном Крае прошло несколько волн чисток и репрессий, охвативший все слои общества и властных структур, включая аппарат ВКП(б), Красную армию, органы НКВД, интеллигенцию и простых граждан. На смену репрессированным, покончившим с собой и смещённым со своих постов советским функционерам пришла новая номенклатура, не имевшая в своей основной массе опыта совместной работы с советскими корейцами. Эта новая номенклатура была способна к жестокому выполнению поставленной центральной властью задачи по выселению корейцев из Дальневосточного края.

Можно ли рассматривать депортацию корейцев рассматривать как один элемент "большой политики", как демонстрацию Советским Союзом твердости своих союзнических отношений с Японией? Депортация советских корейцев осенью 1937 года стала первой в СССР депортацией по этническому признаку после Гражданской войны в России.

Находясь в ограниченных экономических и социокультурных условиях в местах спецпоселений, данная этническая группа занимала сельскохозяйственную нишу экономики, что привело к тенденциям экономического изоляционизма и процессу аккомодации корейской этнической диаспоры.

После реабилитации в связи с возможностью получения образования и освоения различных секторов экономики стали происходить изменения в социальной структуре корейской общины, которые разрушили барьеры социокультурной интеграции и способствовали утверждению социально-профессионального расслоения корейской диаспоры, что, в свою очередь, явилось фактором социокультурной интеграции и привело к ассимиляционным тенденциям.

Фактором формирования корейской диаспоры в России явился территориально-демографический фактор. Корейская диаспора в России очень неоднородна. Такое деление обусловлено способом переселения корейцев и местом их проживания. На Дальний Восток переселялись в основном жители Северной Кореи, а на о. Сахалин жили переселенцы из Южной Кореи. Небольшую группу членов корейской диаспоры составляют корейцы, приехавшие в Россию на учебу и оставшиеся жить на территории нашей страны.

По сведениям и переписям населения за 1983 год, больше всего корейцев (350 тысяч человек) на территории СССР проживало в Узбекистане. После распада СССР в отличие от России и Казахстана в Узбекистане не было принято акта о насильно переселённых народах. Часть корейцев, проживавших в Узбекистане, также как и представители других некоренных народов стали эмигрировать из Узбекистана в другие страны, в первую очередь в Россию и Казахстан.

Среди реальных причин, обусловивших депортацию советских корейцев с Дальнего Востока, большую роль играл внешнеполитический фактор. Сталин и советское руководство, чувствуя приближение мировой войны и осознавая свою неподготовленность к ней, пытались маневрировать между империалистическими соперниками, стремились пойти на сближение как с гитлеровской Германией на Западе, так и с императорской Японией на Востоке. Для сближения с Японией требовались уступки в пользу последней, одна из которой проявилась в продаже прав на КВЖД. Другой уступкой могло быть полное изгнание антияпонски настроенных корейцев из ДВК.

Несмотря на то, что корейская диаспора отличается дисперсным характером расселения, образовались места компактного проживания корейцев на юге России и российского Дальнего Востока. Подобное распределение было связано с наличием общин-землячеств, что свидетельствует об общинной солидарности российских корейцев и стремлении группы к социокультурной изоляции.

Демографические изменения корейской диаспоры на российском дальнем Востоке были связаны с политическими событиями, вызвавшими поток вынужденных корейцев-мигрантов из республик Центральной Азии, что привело к увеличению численности корейской диаспоры. Территориальный и демографический факторы определили особенности контактов корейской диаспоры и способствовали формированию новых локальных отличий, что послужило развитию тенденций ассимиляции. А также вышеперечисленные факторы определили степень экономической интеграции корейской диаспоры, которая отразила профессионально-производственную ориентацию корейцев в Приморском крае, обусловленную их исторической предрасположенностью к конкретным видам деятельности.

Формированию корейской диаспоры в Приморском и Хабаровском краях способствовали культурное наследие и традиции, как корейского этноса, так и полиэтничного окружения, что привело к угрозе утраты культурной самобытности. Однако подъем национального возрождения в 1990-е годы определил тенденции возврата к этническим традициям и религиозно-обрядовым практикам, что привело к возрождению этнической идентичности. Наличие билингвизма, хотя и в пользу русского языка, свидетельствует о сохранении этнической идентичности российских корейцев. Все эти факторы свидетельствуют о тенденциях сохранения культурной самобытности, ведущим к процессам успешной интеграции российских корейцев в дальневосточном регионе.

Интеграция российских корейцев на российском Дальнем Востоке обусловлена сокращением социальной дистанции между ними и местным населением в результате роста числа социально неоднородных, межэтнических браков и простых семей с минимальным количеством детей. Подобная динамика вызвана влиянием экономических факторов и культурных традиций других этносов и становится предпосылкой формирования ассимиляционных тенденций.

Субэтническая самоидентификация является основой культурной дифференциации корейской диаспоры, которая обусловлена их фактическим этнографическим и диалектным делением, связанным с регионами исхода: сахалинские корейцы, среднеазиатские и российские корейцы. Также фактором, определяющим культурную дифференциацию корейцев, является плотность информационных связей с материнским этносом, которая с течением времени заметно уменьшилась, что привело к тенденциям ассимиляции.

Специфика формирования корейской диаспоры на российском Дальнем Востоке вызвана расселением корейцев на территории региона, которая определила тенденции экономического изоляционизма в сельской местности и культурной ассимиляции в городах, что привело к социально-профессиональному расслоению корейской диаспоры в Приморском и Хабаровском краях. Стратификационные различия внутри корейской диаспоры повлекли за собой возникновение барьеров социокультурной интеграции, что явилось фактором своеобразной дезинтеграции, с одной стороны, и ассимиляционным тенденциям – с другой.

Таким образом, можно предположить, что корейская диаспора в регионе представляет собой сформировавшуюся этническую группу, члены которой, сохраняя автономный стиль жизни и менталитет, ориентируются на усвоение отличающихся стандартов иной культуры в целях интеграции в принимающую систему ради самосохранения и присвоения жизненных ресурсов. Анализ функций культурной дифференциации и социокультурной интеграции корейской диаспоры на российском Дальнем Востоке свидетельствует об усилении тенденций ассимиляции российских корейцев и сохранении культурной самобытности.

Основой социокультурной интеграции корейской диаспоры в регионе является социокультурная идентичность, которая выражается в конструировании «образа для себя» и «образа для других» посредством комплекса исторических, экономических, общественно-политических, и социокультурных практик. Особенность социокультурной идентичности корейской диаспоры в регионе заключается в том, что она носит локальный диаспорный характер, отличающийся от идентичности материнского этноса, с одной стороны, и от идентичности принимающего сообщества – с другой.

Локальная идентичность корейской диаспоры проявляется через совокупность таких этноинтегрирующих факторов, как антропологический тип, места компактного проживания (г. Артём, г. Уссурийск), традиции, религия, идея исторической родины, память о прошлом. Обладание представителями корейской диаспоры, генетически унаследованными отличительными признаками, в большей степени способствует сохранению идентичности российских корейцев изнутри и не позволяет ей ассимилировать среди иных антропологических типов, которые имеются в Приморском и Хабаровском краях.

Несмотря на взаимопроникновение культур в полиэтничном региональном окружении, представители корейской диаспоры в жизненных практиках придерживаются традиционных верований и обрядовых практик, воспринимая их как составную часть культуры предков. Поэтому консолидирующим фактором корейской диаспоры в регионе является идея исторической родины и память о прошлом, поскольку укореняется в сознании отдельного индивида и в коллективном сознании в процессе социокультурной социализации в условиях иноэтничного окружения, что в определенной степени способствует объединению внутри этнической группы.

Вместе с тем существует ряд факторов, которые являются основанием для трансформации и воспроизводства множественной идентичности. К ним относятся территориальный, экономический, общественно-политический и коммуникационный факторы (межэтническое взаимодействие). Исторически корейская диаспора в России не обладает собственным территориальным образованием и не придает территориальному вопросу большого значения для развития корейской этнонациональной группы, что свидетельствует о преобладании гражданской идентичности над этнической.

В современных условиях представители корейской диаспоры в большей степени заинтересованы в экономическом развитии этнической группы, овладевая различными видами профессиональной деятельности, они конкурируют внутри группы и составляют конкуренцию другим этническим сообществам региона, что способствует формированию социально-профессиональной идентичности этногруппы. В общественно-политической сфере идентичность корейской диаспоры поддерживается созданием национально-культурных объединений, участием в общественно-политических организациях, представительством в органах власти и муниципальном управлении. В межэтническом взаимодействии корейцы демонстрируют позитивные межэтнические установки и стремление к коммуникации, осуществляемые главным образом над этническими границами, что ведет к сокращению социальной дистанции и ослаблению границ между российскими корейцами и полиэтничным окружением.

В процессе трансформации и развития социокультурной идентичности российских корейцев в Приморском крае наблюдается формирование множественной идентичности этнической группы, которая складывается из этнической идентичности, гражданской, профессиональной и территориальной идентичности, обладающей локальным диаспорным характером. Однако отсутствие жесткой иерархии внутри множественной социокультурной идентичности ведет к тенденциям аккультурации и ассимиляции корейской диаспоры в Приморском и Хабаровском краях.

Наряду с указанными выше тенденциями существует идентификация представителей корейской диаспоры, которая осуществляется посредством таких самоидентификационных стратегий, как: оппозиционная, стратегия сегрегации, ретроспективная стратегия и стратегия непрямого самоутверждения. Оппозиционная стратегия направлена на самоизоляцию относительно «иного» – этнонациональной общности, политико-правового режима или социокультурных стереотипов. Показателями оппозиционной стратегии корейской диаспоры являются: экономическая замкнутость, исторически связанная с предрасположенностью отдельных представителей корейской диаспоры к определенным видам деятельности, однако способность к различным видам деятельности ведет к интеграционным тенденциям; изоляция относительно политико-правового режима как следствие политической репрессии, насильственной депортации и дискриминационной политики относительно корейцев. Однако на современном этапе в связи со сменой поколений память о политической дискриминации стирается, и элементы конфронтации корейской диаспоры не проявляются, что ведет к тенденции интеграции в социально-политическую систему региона.

Самоизоляция корейской диаспоры, которая проявляется в определенной степени в процессе самоидентификации, происходит вследствие негативных этнических стереотипов. Они возникают из-за недостатка информации об этнической группе, а также политических решений. Возможно значительный рост численности российских корейцев в регионе за последние двадцать пять лет и конкуренции в социально-экономических отношениях, ведет к созданию барьеров между общиной и принимающим сообществом. Однако в процессе межэтнического взаимодействия формируются положительные стереотипы относительно российских корейцев, поскольку стереотипы данной этнической группы соответствуют моральным качествам окружения, поэтому самоизоляция корейской диаспоры относительно иного социального окружения если и проявляется, то в самой незначительной степени.

Подобное явление не может быть основанием для создания явного барьера между этнической группой и принимающим сообществом, предполагаемого при реализации оппозиционной стратегии.

В процессе самоидентификации корейская диаспора не демонстрирует высокую зависимость членов от внутренних ресурсов общины, ее внутренних сетей и связей, характерную для стратегии сегрегации. Зависимость от социальных условий проявляется в основном в сельских условиях, однако российские корейцы, расселяясь в городах, где отношения формализованы, дистанцированы и анонимны, социально независимы от внутренних связей общины, от решений общности в социальных вопросах, а также этических и моральных норм этнической группы. Утрата внутренних сетей наблюдается и в кровнородственных связях, проявляющаяся в отсутствии выраженного интереса к родовой и семейной истории, либо в связи с незнанием последней. Со своей стороны диаспора не осуществляет контроль над членами общности и. как следствие, нет собственных социальных институтов, параллельно действующим институтам принимающего сообщества.

Таким образом, зависимость членов этнической группы от внутренних традиций и институтов весьма незначительна, что нехарактерно для стратегии сегрегации и свидетельствует о преобладании тенденций интеграции и объединения корейской диаспоры с принимающим сообществом.

Корейская диаспора ориентируется на традиции предков, возрождение которых проявляется, прежде всего, в семейной обрядности. Однако недостаток знаний корейских традиций, этикета и языка ведет к снижению предпочтений в отношении традиции предков. То же можно сказать и о верованиях и обычаях, которые тесно связаны с этническим компонентом, поскольку выполняют функцию усвоения и сохранения национальных традиций и обрядности. Хотя сохранение обрядности и возврат к верованиям предков имеет ритуальный и формальный характер, все же религиозные традиции и обряды осознаются большинством корейцев как национальные и используются в жизненных практиках. Несмотря на то, что субъект возрождения корейских традиций в лице местной элиты осуществляет возрождение традиций для легитимации своих действий, основная масса корейцев демонстрируют равнодушное отношение к политическим и общественным движениям в регионе.

В целом у отдельных групп российских корейцев наблюдается преобладание ориентации на инновационные ценности, демократические институты и потребительские имиджи. Ослабление таких условий общественного развития, как индустриализация, централизованное управление и доминирование русскоязычной культуры, привело к распространению «механизмов ретрадиционализации», что ведет к тенденции интеграции и объединения.

Показатели ассимиляционных тенденций, присущих стратегии непрямого самоутверждения, выражаются в добровольном, а иногда и в принудительном отказе от этнических черт и присвоении черт принимающего общества и проявляются, в частности, в межэтническом взаимодействии. В социальных практиках наблюдается позитивное отношение к межэтническому взаимодействию и совместному труду с представителями других национальностей, что свидетельствует об аккомодационных и ассимиляционных тенденциях в процессе самоидентификации. Важным показателем ассимиляционных тенденций является язык. Среди российских корейцев наблюдается постоянное снижение степени владения корейским языком и значимости корейского языка, выражающейся в слабом стремлении его изучать и использовать в жизненных практиках, что свидетельствует об интенсивной языковой ассимиляции.

В каждой из вышеперечисленных стратегий наблюдается наличие тенденций как конфронтации и изоляции, так и интеграции и объединения. Однако необходимо отметить, что в реальности эти стратегии не встречаются в чистом виде, а преобладают элементы стратегии непрямого самоутверждения и ретроспективной стратегии над элементами оппозиционной стратегии и стратегии сегрегации, что ведет к тенденциям интеграции и объединения корейской диаспоры в социокультурное окружение региона.

Глава 2

Роль институтов в формировании региональной идентичности российских корейцев

Главной особенностью иммиграционной политики страны в регионе в 1937-1988 гг. было ограничение въезда иностранных граждан в СССР и в стране фактически исчезло явление незаконной миграции, которая особенно решительно пресекалась в приграничной полосе. Советское государство жёстко ограничивало внешнюю миграцию, допуская лишь строго регламентированное на правительственном уровне и контролируемое привлечение трудовых ресурсов из-за рубежа.

Специфика формирования общественных организаций

российских корейцев на Дальнем Востоке России обусловлена не только территориальным воспроизводством, но и менталитетом, на который оказывает влияние коллективные представления и мифы об исторической родине. В динамике социокультурных трансформаций немаловажную роль играет коллективная память этнических групп, поскольку ее условия и функции в обществе воздействуют на формирование идентичности этнической общности. Коллективная память о прошлом присутствует в структуре коллективного сознания современных этнических общностей и вовлекает отдельных представителей этносов в разнообразные социальные группы. Коллективная память о прошлом бывает двух типов - коммуникативная и культурная. Культурная память нуждается в официальной традиции, поскольку она опирается на знаковые системы, поддерживающие идентичность и закрепляется в институциональных формах - официально утверждаемых праздниках и годовщинах, гимнах, национальной символике.

Этническая идентичность может конструироваться. В результате создаются «воображаемые общности», основанные на вере в то, что они связаны естественными, и даже природными связями. Среди факторов, влияющих на формирование этнической идентичности, выделяют: этнические границы, социальную и культурную дистанцию, этнический статус, психологические сходства и различия культур, этнические установки, глобальные изменения в социально-политической сфере и связанные с ними изменения в межэтнических отношениях; гетерогенность или гомогенность этнического окружения, особенности культурной среды. Наиболее оптимальной стратегией для выстраивания межэтнических отношений является стратегия, в которой интегрированы элементы этнической и гражданской идентичности.

В данной работе в основном употребляются понятие «российские корейцы», «русскоязычные корейцы» и «корейская диаспора. По термину диаспора имеется целый ряд толкований и в данной работе под «корейской диаспорой» понимается группа российских корейцев.

Причины появления диаспор различны и в основном это люди, которые мигрировали из родной страны по разным причинам. В качестве наиболее распространённых причин появления диаспор можно назвать войны и межнациональные конфликты, угрозу геноцида и насильственное переселение, а также действие различных социальных, экономических и других факторов. Единого определения этого понятия не существует, и практически каждый исследователь выводит собственное, однако есть то, в чём все эти определения сходятся. Обычно диаспору принято считать частью этноса, этнической общности, народа или нации. Однако вследствие длительного пребывания вне своей родины, общности всё сложнее сохранять свои обычаи и традиции. Нельзя отнести к диаспоре любую группу лиц определенной национальности, если у них нет внутреннего желания сохранить свою самобытность, что, в свою очередь, предполагает соответствующие организационные формы реализации этой потребности. Например, особую роль в становлении и сохранении диаспоры играет религиозный фактор. Важным критерием диаспоры являются социальные институты, работающие в сфере сохранения национальной самобытности. И в данной работе основное внимание уделяется именно этой группе институтов в виде общественных организаций. Сторонники социологического подхода к определению диаспоры выделяют ряд важных её функций: «Наиболее распространенной функцией диаспоры является их активное участие в поддержании, развитии и укреплении духовной культуры своего народа, в культивировании национальных традиций и обычаев, в поддержании культурных связей со своей исторической Родиной».[1]

Деятельность диаспоры связана с организационным обозначением её функционирования, например,

---

[1] Тощенко Ж. Т., Чаптыкова Т.И. Диаспора как объект социологического исследования.// Социологические исследования. 1996 . № 12. с. 38.

национально-культурная автономия. Иначе говоря, любая группа конкретной национальности не может считаться диаспорой, если у них нет внутреннего импульса и потребности к самостоятельности. Анализ связей диаспоры с исторической родиной имеет большое значение для страны исхода, для самой диаспоры и для принимающих ее стран, например в области внешней торговли и других экономических связей между ними.

Проблемы социальной и культурной интеграции этнических общностей напрямую связаны с процессами этнической и культурной идентификации, поэтому необходимо исследовать процессы самоидентификации этнических общностей в современном полиэтничном окружении.

Для того чтобы определиться с такими сложными понятиями, как «этнос», «нация», «этничность», «национальность», прежде всего следует понять, как эти категории влияют на становление и развитие государственной национальной политики или государственности вообще.

В научной среде нет единодушия в отношении таких категорий, как «этнос» и «нация», а также в вопросах их соотношения. Этническое является первичным в структуре категорий: «этнос» — «нация» — «национальная государственность». Иными словами, этничность не всегда связана напрямую с необходимостью формирования собственного национально-государственного устройства. Эти соображения не вызывают возражений в литературе, когда речь идет о раскрытии содержания понятия «этническое». Если проанализировать высказанные по этому вопросу точки зрения в научной литературе, то в общем виде можно увидеть за ними разные исходные позиции ученых, исследующих разные аспекты этой проблемы.

В соответствии с первой позицией нация — это, прежде всего «согражданство, социальное сообщество граждан, составляющих государство». Сильной стороной этой концепции является то, что она опирается на демократические и гуманитарные принципы цивилизационного процесса, когда этнос рассматривается не как субъект политики, а как носитель определенной культуры. При таком подходе фактически исключается этническое начало, не раскрываются специфические признаки нации как этносоциальной общности и государственного образования.

Другая позиция предполагает, что к определению нации надо подходить в единстве объективных и субъективных признаков. А именно: нация — это этническое сообщество, сформировавшееся на основе единства языка, культуры, территории и национального самосознания, обладающее правом на самоопределение, на свою государственность, национально-территориальную и культурную автономию.

С точки зрения примордиалистского (от лат. primordial — первичный, исконный) подхода этничность, является органичным образованием. Представители конструктивистского направления, которые, отождествляя этничность с национальностью, этнос с нацией, по существу, сводят природу нации исключительно к субъективному моменту — самосознанию и чувству солидарности индивидов, относящих себя к той или иной этнической группе.

С точки зрения конструктивистского подхода этничность является новой социальной конструкцией и не имеет культурных корней. Приверженцы инструменталистского подхода, как и конструктивисты, считают этносы искусственными образованиями, при которых существование объективных атрибутов этнической группы отрицается. Этническая группа трактуется как общность, объединяемая интересами, а этничность — как средство для достижения групповых интересов, мобилизации в политической борьбе. Каждый из трех подходов обладает определенной системой аргументов в свою пользу. Этническая группа — это группа людей, для которой характерна близость языков и некоторых других особенностей культуры, родственных по происхождению и сохранившихся до наших дней. В социальных науках употребляется понятие «национальные (этнические) меньшинства». Таковыми называются группы людей какой-либо социально-этнической общности, проживающие за пределами своей государственности в инонациональной среде и составляющие, как правило, меньшинство населения в странах своего проживания. Национальные меньшинства характеризуются сохранением национального (этнического) самосознания, культуры, быта, традиций, языка основной части этнической общности. В последние годы применительно к государствам, возникшим на пространстве бывшего СССР, употребляется термин «русскоязычное население». Это собирательное название людей русской и любой другой этнической принадлежности, пользующихся преимущественно русским языком и обычно считающих его родным. В узком смысле — это группы людей нерусской национальности, для которых родным языком является русский язык. Термин «русскоязычное население» используется для обозначения русскоязычного населения, находящегося вне границ Российской Федерации. Он адекватен термину «национальные меньшинства».

В ходе исторического процесса имеют место различные контакты между этносами. Известны следующие последствия этих контактов: сосуществование, при котором этносы не смешиваются и не поглощают друг друга, заимствуя нововведения; ассимиляция, когда происходит поглощение с полным забвением и метисация, при которой сочетаются традиции. И наконец, слияние, при котором забываются традиции первичных компонентов, и возникает третий этнос. Можно утверждать, что для российских корейцев характерны различные последствия от сосуществования до метисации.

Обязательным и четким признаком этноса является этническое самосознание, то есть представление некоторой группы людей о себе как о народе. Этническое самосознание, самоопределение, самоидентификация народа состоит в следующем: народ считает себя общностью людей, которая отличается от других народов и иных человеческих общностей. И базовым элементом в этнической самоидентификации является общность языка, культуры и быта. Язык выделяется как ключевой фактор в определении этнической группы в разных научных концепциях. Примечательно. Что для корейской диаспоры правомерна критическая точка зрения, в соответствии с которой язык не всегда служит надежным критерием этнической принадлежности. Что касается других признаков этнической общности, то можно утверждать, что корейская диаспора в Российской Федерации сформировалась как этническое сообщество.

Однако при исследовании этнической идентичности

конкретных этнических общностей особую роль в настоящее время приобретает не столько сочетание этнической и гражданской идентичности, сколько самоидентификационные стратегии в зависимости от региона исхода и цели пребывания. Так, корейская общность представляет собой гомогенную группу, объединенную общими и разделяемыми всеми представлениями о себе как корейцев. Иными словами, корейские общности являются группой лиц, обладающих общей этнической идентичностью. Однако исследования показали, что среди корейских общностей выделяются различные группы, с ярко выраженными маркерами регионов исхода и целей пребывания.

В данной работе рассматривается группа «российских корейцев». Это группа корейцев, родившихся и выросших в России. Как правило, они глубоко интегрированные в русскую культуру люди, у которых корейская идентичность не играла до недавнего времени сколь какую-то значимую роль. Однако эта группа, находящаяся на периферии идентификационного поля, обладает наибольшими центростремительными силами.

В последние двадцать лет несколько возрос интерес российских корейцев к своей исторической родине, культуре, языку. Во многих регионах России были открыты корейские культурные центры, классы по изучению истории Кореи, культуры и языка. Молодежь и дети изучают корейский язык и культуру, но при этом не отождествляют себя с исторической родиной и «южными» корейцами, оставаясь частью поликультурной России.

Чаще всего у представителей «российских корейцев» гражданская идентификация превалирует над этнической. Данная группа не имеет четких границ и жесткую систему взаимосвязи и взаимодействия. По ряду признаков ее можно рассматривать как некую буферную зону общины, в которую «выталкиваются» активными членами общины все, кто не обладает доминирующей корейской идентичностью.

Налицо достаточно четкое позиционирование каждой из рассмотренных групп. При этом основным стратификационным критерием выступает значимость корейской идентичности.

Необходимо отметить, что изначальное деление общины по группам территории исхода условно. Члены этих групп не существуют изолированно друг от друга, однако наряду с этим сохраняется устойчивая граница «мы-они», оказывающая существенное влияние на повседневные жизненные практики. Можно утверждать, что территория исхода и миграционные устремления являются важным маркером границ групп этнической общины. При этом и внешние, и внутренние границы общины представляются достаточно подвижными, и их видоизменение вполне очевидно.

Практически все члены корейских общин позитивно

относятся к брачным связям с местным населением. Устанавливая тесные связи с доминирующей российской культурой, корейцы частично сохраняют элементы своей культуры и остаются самостоятельным субъектом межэтнического взаимодействия. Несмотря на господствующее положение русской культуры в среде корейцев, они стараются не потерять традиций, которые передавались от поколения до поколения.

Еда относится к важному компоненту культуры разных этносов и одна из важных составляющих семейных традиций. Большинству людей нравится пробовать различные национальные блюда других народов во время поездки за границу, или при посещении ресторанов с национальной кухней, для других отсутствие привычной пищи превращается в большую проблему, не только во время путешествий, но и в обыденной жизни. В смешанных семьях, где один супруг привык к корейской еде, возникают различные варианты, когда приходится использовать различные приправы, рис вместо хлеба и прочее.

В межэтнической семье происходит своеобразный процесс обмена культурными ценностями. Особенностью межэтнических семей, в которых один из супругов кореец, является большая степень слияния культурных элементов, активное взаимодействие старших и младших поколений и передача детям. Большинство членов межэтнических семей имеют представление об отдельных элементах национальной культуры своего партнера. По поводу семейных традиций могут возникать разногласия по поводу празднования семейных торжеств и ритуалов, связанных с созданием семьи, рождением детей, потерей близких. Супругам необходимо найти компромиссы, в частности по поводу празднования событий, связанных с рождением детей, празднованием шестидесятилетия, которые важны в корейской культуре. Ценностные ориентации дают индивиду возможность решать, что для него важно и значимо в семейной жизни. Важно понимать, что ценности супругов могут иметь почти одинаковую иерархическую структуру, и могут дополнять друг друга, что и происходит в большинстве межэтнических семей. Если же в ценностных ориентациях супругов существует разобщенность и нежелание найти компромисс, то пары могут разойтись или согласиться на принятие традиций только одной культуры. Разная культура, разные ценностные ориентации, различные семейные традиции двух людей, вступивших в межэтнический брак, дают основание для внутрисемейных конфликтов, и случается так, что часто в межэтнических семьях идет непонимание супругами друг друга именно из-за незнания традиций друг друга. Первым условием сближения ценностных ориентаций супругов в межэтнической семье является положительное отношение каждого человека к институту семьи и к семейным ценностям в зависимости от культурных особенностей.

Одним из научных методов для преодоления противоречий, связанных с разным культурным поведением, является кросс-культурная техника, воплощающая в себе атрибутивный подход. Цель использования данной техники - научить индивида осознавать конкретные жизненные обстоятельства с точки зрения членов другой этнической группы, постигать их видение окружающего мира. Продолжительное применение культурных ассимиляторов доказало, что они представляют собой эффективное средство снижения использования негативных стереотипов, предоставления информации о различиях между этносами, облегчения межличностных взаимоотношений в инокультурной среде и, в конечном итоге, разрешения стоящих задач перед индивидом. Экспертами из Дальневосточного федерального университета разработана система культурных ассимиляторов русско-корейских семей.[2]

В отношении местных этносов допускаются вариативные, более широкие схемы восприятия норм поведения.

---

[2] Калита В. В., Сапожникова Е. Е. Решение задач межкультурного взаимодействия: опыт разработки культурного ассимилятора для межэтнических (русско-корейских) семей. // Гуманитарные исследования в Восточной Сибири и на Дальнем Востоке. - №6 (26). - 2013. - С. 76-84.

Понимание того, что местное население не делает фактически никаких различий между корейцем, приехавшим с Сахалина, из государств Центральной Азии или других регионов постсоветского пространства, приводит к формированию чувства общности с другими группами и объединению групп именно по этническому признаку.

Таким образом, в корейских этнических группах наблюдается тенденция к конструированию общинных диаспорных идентичностей, причем существенное влияние на процесс формирования идентичности и ее конечную конфигурацию осуществляет регион проживания и его социально-политические условия.

Говоря об идентичности корейских общностей, мы имеем дело с набором равновесных идентичностей, в которых этническая идентичность находится на таком же месте, как и гражданская, профессиональная, территориальная и т.д. В качестве одного из определяющих признаков корейской этнической общности является выраженная культурная идентификация членов этнической группы. В данном случае, можно говорить о наличии динамического процесса поиска точек соприкосновения и о конструировании общей идентичности на основе уже имеющихся идентичностей. Члены миграционной этнической группы содержат в себе сходные наборы идентичностей, и отличаются рейтингом некоторой базовой этнической идентичности.

В целом корейская общность обладает вполне сформированной и этнической, и гражданской идентичностью, что позволяет ей успешно интегрироваться в принимающее полиэтничное окружение.

В данной работе используются объективный и субъективный подходы к изучаемой теме, которые в качестве конституирующего признака воспроизводства этноса выявляют территориальный и идентификационный. В рамках объективного подхода этническая общность рассматривается с позиций ее конкретно-исторических условий формирования и функционирования. Субъективный подход к изучению этнических общностей включает два направления – символическое и институциональное.

Продуктивность символического подхода проявляется при анализе языковой специфики этнических общностей и их восприятии повседневности. Институциональные характеристики этнической общности предполагают изучение нормативного регулирования их действий, способствующих культурной консолидации этнической группы.

Изучение проблемы корейской диаспоры теоретически актуализируется признанием наличия у каждого субэтноса «ядра» как специфического культурного комплекса, присущего данному субэтносу. При разработке содержания понятия диаспоры исследователи указывают на специфику территориальной характеристики этнических общностей, которая заключается в том, что они рассеяны за границами политико-административной единицы и являются национальным меньшинством. Эта характеристика позволяет определить источники формирования этнических групп. Речь идет о миграции как внешнее и внутригосударственное перемещение. Помимо территориального фактора формирования этнической группы существуют коллективные представления об исторической родине. Отечественные и зарубежные исследователи полагают, что идентификация членов субобщности осуществляется наоснове какой-либо национальной идеи, которая продиктована наличием исторической родины или желанием ее воссоздать. Следовательно, идея исторической родины является фактором культурного воспроизводства этнической общности и основанием для формирования коллективной идентичности.

Вышеизложенная позиция относительно характеристик этнической субобщности основывается на объективном подходе, когда субэтническая общность исследуется как «центристская» и обладающая определенным местом исхода и связью с ним. Сторонники субъективного подхода подчеркивают, что «родина» является рациональным выбором, а не исторически определенным предписанием. Однако большинство эмпирических исследований фиксируют тенденции воссоздания культуры в обновленной форме, в различных местонахождениях. Поэтому коллективные представления о «первичной родине», а не связь с исторической родиной являются фактором культурного воспроизводства этнической субобщности. Помимо этого, территориальный фактор и фактор коллективного представления об исторической родине дополняются другим – специфическим стилем жизни и менталитетом.

Исследование социокультурной интеграции этнических субобщностей как вхождения этнической группы в общественную систему при сохранении культурной самобытности предполагает выявление основной причины этого процесса – этнической миграции, при которой доминирующим принципом социального взаимодействия этнической группы с обществом становится географический принцип. Степень сплоченности членов этнической субобщности обусловлена демографическим фактором – численным составом общности и степенью компактности проживания группы в регионе, а также позволяет одновременно оказывать поддержку членам субобщности и противодействовать политике властей по ранжированию ареалов расселения.

Идентичность, как правило, приобретается в результате социализации и на лояльности к государству. Она подразделяется на две группы: культурно-этническую и гражданскую. Во взаимодействиях людей друг с другом их самоидентификационные стратегии могут выступать как способ конфронтации и изоляции, так и способ интеграции или объединения.

Объективным основанием социокультурной интеграции является экономическая деятельность этнической субобщности, предполагающая мобилизацию экономических ресурсов с целью вхождения в иноэтническую среду. Это зависит от внутренних и внешних условий – отношения коренного населения и властей к членам этнической субобщности и особенности проявления их предпринимательской активности, которая имеет три стадии: маргинализации, развития этнического профессионализма – концентрации этнической группы в определенных секторах экономики, и стабилизации.

На российском Дальнем Востоке было создано и действует множество общественных организаций, в том числе национальных объединений, фондов, землячеств, предпринимательских ассоциаций, которые стали своеобразными институтами по сохранению корейской самобытности и поддержания связей с КНДР и РК.

В рамках закона 1996 г. «О национально-культурной автономии» в России были созданы национально-культурные автономии (НКА) корейцев, которые в основном вошли в состав Федеральной национально-культурной автономии корейцев России (ФНКА). Например, в Приморском крае организации входят в Ассоциацию корейских организаций Приморского края (АКОРП). Ассоциация последовательно выступает с миссией объединения Кореи в единое государство. В Хабаровском крае действует Ассоциация корейских организаций Дальнего Востока и Сибири. В Сахалинской области имеется целый ряд общественных организаций, в том числе организация разделенных семей сахалинских корейцев, «Сахалинские корейцы». В Амурской и Магаданской областях, Еврейской автономной области и Камчатском крае корейские общественные организации не отличаются многообразием в силу немногочисленности проживания этнических корейцев.

В современной России многочисленные государственные, государственно-общественные и общественные организации, в том числе и этнокультурные объединения, принимают на себя задачу сохранения и развития наследия национальных культур. Этнокультурное многообразие, пропагандируемое национальными культурными объединениями, создает благоприятную среду для развития социально-культурного сотрудничества не только внутри России, но и за её пределами.

Российский Дальний Восток в силу географического положения и исторического развития относится к полиэтничным регионам. Одним из приоритетов органов региональных властей является деятельность, направленная на гармонизацию сферы межнациональных отношений, удовлетворение этнокультурных потребностей дальневосточников и взаимовыгодное сотрудничество с соседними странами.

На выбор предпочтений в развитии социально-культурного сотрудничества оказывает влияние тот факт, что после окончания Второй мировой войны, на территории Корейского полуострова образовались два государства – Республика Корея (август 1948 г.) и КНДР (сентябрь 1948 г.). В течение нескольких десятилетий отношения Советского Союза с этими странами не выходили за рамки официальной политики. В 1950-е годы военные и технические специалисты из числа советских корейцев отправлялись в КНДР помогать восстанавливать страну после войны, а корейцы из Северной Кореи работали на рыбодобывающих предприятиях Дальневосточного региона. С Южной Кореей контактов практически не было и только в конце 1980-х годов начались переговоры, которые привели к установлению дипломатических отношений в сентябре 1990 г.

Таким образом, многим советским корейцам ассоциировать себя с исторической родиной было трудно. В настоящее время представители корейской диаспоры наряду с этнической идентичностью, обладают региональной гражданской идентичностью. «Моя родина - Приморье, и я считаю себя коренным россиянином, истинно русским корейцем», - говорил Валентин Петрович Пак, предприниматель, Председатель Ассоциации корейских организаций Приморского края.[3]

На протяжении многих лет различные объединения российских корейцев последовательно развивают принципы общей приверженности к культурному многообразию народов России, терпимости к культурной специфике, взаимопроникновению этнокультур как общечеловеческому наследию.

В целом для корейцев характерен высокий уровень организованности. Правительство Российской империи не возражало против практики существования органов самоуправления у корейских общин. В годы революций 1917 г. корейские национальные общества активно участвовали в революционных событиях. В 1920-е годы при Отделе национальных меньшинств был создан Институт

---

3) «Истинно русский кореец». Интервью Яны Коноплицкой. Новости, 12 августа 2005 г.// [Электронный ресурс]. URL http://daily.novostivl.ru/archiv e/?sstring=&year=&f=sz&t=050812sz02. Дата обращения [19 января 2015 г.].

уполномоченных по корейским делам на Дальнем Востоке. Однако в результате депортации 1937 г. корейцы утратили возможность членства в национальных институтах. Депортация пагубным образом отразилась на культурном развитии этноса.

В 1990-е годы начался этап возрождения общественных организаций российских корейцев. В России было создано множество различных организаций, в том числе национальных объединений, фондов, землячеств, предпринимательских ассоциаций, которые стали своеобразными институтами по сохранению корейской идентичности. Новая общественно-политическая ситуация в стране, общая актуализация этнического фактора, необходимость борьбы за реализацию законов и постановлений о "реабилитации репрессированных народов" - все это вызвало мощный всплеск общественно-политической активности у российских корейцев. В рамках закона 1996 г. «О национально-культурной автономии» в России были созданы национально-культурные автономии (НКА) корейцев, которые в основном вошли в состав Федеральной национально-культурной автономии корейцев России (ФНКА).

Высокое чувство этнической солидарности, что, наряду со своеобразием антропологического типа корейцев, а также элементами традиционной культуры, как национальная кухня, семейные и календарные обычаи и обряды, которые отличают их от других этнических групп, способствует сохранению этнической идентичности членов таких групп как общины корейской диаспоры в регионах. Одновременно территориальный фактор способствует формированию множественной идентичности. Каждая локальная община корейцев наряду с осознанием принадлежности к единой этнической общности «корё сарам», формирует и собственную локальную идентичность, которая закрепляется в этнонимах "сахалинские", "российские" корейцы. Различия между отдельными группами корейцев проявляются в виде объективных характеристик: в рационе и культуре питания; в языке – диалектах и уровне владения, в степени владения корейским языком - среди сахалинских корейцев язык сохранился лучше, чем среди тех, кто прибыл из республики Центральной Азии. Более того на уровне самоорганизации, например, сахалинские корейцы, создали свою общественную организацию - отделение "Общества разделенных семей сахалинских корейцев", несмотря на то, что существует и "Общественное объединение корейцев Сахалинской области".

Религиозные организации в той или иной степени были связаны с корейским общественным движением. В 1990-е годы южнокорейские протестантские миссионерские организации активно использовали национальные чувства потенциальных прихожан - этнических корейцев. При церквях открывали курсы корейского языка, которые зачастую использовались для религиозной пропаганды, так как преподавателями там часто были пасторы или активные прихожане. При помощи церкви можно было съездить в Южную Корею, получить благотворительную помощь, устроиться на работу. Фактически церковные организации действуют параллельно с этническими, и некоторые прихожане являются активными членами, как тех, так и других. Такая ситуация характерна как для Приморского края, так и для Хабаровского края.

В начале 1990-х годов рост численности корейцев в Приморье сопровождался этнической консолидацией, чему способствовала идея сохранения национальной культуры, обретения утраченной родины. Развитию национальной общины способствовала активная деятельность корейской экономической элиты, получение финансовой помощи от различных организаций и компаний из Республики Корея. Например, Центр просвещения Республики Корея ведет свою деятельность во Владивостоке, Хабаровске и Южно-Сахалинске. В эти годы была популярна идею создания национально-территориальной автономии корейцев в Приморье, но из-за сложной внутренней ситуации в России и ухудшения политического климата в дальневосточном регионе, несовершенства законодательства в области внешних миграций создание автономии оказалось невозможным. А поскольку реальные условия для реализации одной из групп мотиваций переселения отсутствовали, то масштабы переселения также оказались меньше, чем предполагали лидеры корейской диаспоры.

Установлено, что специфика формирования корейской диаспоры на юге российского Дальнего Востока определяется условиями расселения, социально-профессиональным расслоением и стратификационными различиями. Эти условия ведут к возникновению определенных барьеров социокультурной интеграции с местным сообществом. Определены этноинтегрирующие факторы локальной идентичности корейской диаспоры в регионе и факторы воспроизводства ее множественной идентичности, что позволило выявить особенности региональной гражданской идентичности корейцев на юге российского Дальнего Востока.

В ходе работы выявлены особенности реализации самоидентификационных стратегий корейцами в Приморском крае, среди которых преобладают элементы стратегии непрямого самоутверждения и ретроспективной стратегии, что свидетельствует об ориентации на сохранение культурной самобытности с учетом новых либерально-демократических норм и потребительских имиджей, господствующих в региональном сообществе.

Корейскую диаспору по праву можно считать действенным механизмом "мягкой силы". Российские корейцы, проживающие на территории Российской Федерации, способствуют развитию культурных, экономических и политических связей со странами Корейского полуострова.

С налаживанием нормальных межгосударственных отношений, особенно после установления в 1990 г. дипломатических отношений между РФ и Республикой Корея, российские корейцы стали активными посредниками крепнущих связей между странами. Правительства РК и КНДР ведут активную политику по поддержанию связей с соотечественниками, проживающими в России.

При этом необходимо отметить, что в отношениях России с РК и КНДР не существовало в прошлом и не предвидится в будущем проблемы разделенных семей. Российские родственники могут свободно посещать и Юг, и Север, что как нельзя более отвечает национальным интересам корейского народа. Таким образом, российские корейцы являются своеобразным импульсом, способным оказывать положительное влияние на характер отношений России с двумя корейскими государствами.

Таким образом, российские корейцы, проживающие на Дальнем Востоке России, составляют этническую группу, члены которой сохраняют менталитет и особый стиль жизнь, которые сложились на основе «мифа» об этнической родине. В тоже время, они добровольно или вынужденно ориентируются на усвоение отличающихся стандартов, преобладающей в обществе культуры для интеграции в систему принимающего сообщества, с целью самосохранения и присвоения жизненных ресурсов.

Специфика формирования корейской диаспоры обусловлена, с одной стороны, её территориальным воспроизводством, а с другой – стилем жизни и менталитетом, которые зависят от коллективных представлений, мифов об исторической родине. Особенности расселения корейцев в основном в Приморском крае, Хабаровском крае и Сахалинской области отражают тенденции экономического изоляционизма в сельской местности и культурной ассимиляции в городах, что повлекло некоторое социально-профессиональное расслоение корейской диаспоры на российском Дальнем Востоке. Поэтому возникновение барьеров социокультурной интеграции связано со стратификационными различиями внутри корейской диаспоры. Основой культурной дифференциации корейской диаспоры является этническая самоидентификация, которая соотносится с их этнографическим и фактическим диалектным делением, связанным с регионами исхода, а также плотностью информационных связей с материнским этносом.

Особенность социокультурной идентичности корейской диаспоры в регионе заключается в том, что она носит локальный диаспорный характер, отличающийся от идентичности материнского этноса, с одной стороны, и от идентичности принимающего сообщества, с другой. Локальная идентичность российских корейцев проявляется через совокупность таких этноинтегрирующих факторов, как антропологический тип, места компактного проживания, язык и религию, идею исторической родины, память о прошлом.

Представители корейской диаспоры на российском Дальнем Востоке идентифицируют себя как российских корейцев, вобравших в себя культуру полиэтничного региона, в частности культуру русского этноса. Вместе с тем, территориальный, экономический и общественно-политический факторы являются основанием для трансформации и воспроизводства множественной идентичности корейской диаспоры в регионе. Наряду с этнической идентичностью, представители корейской диаспоры обладают региональной гражданской идентичностью и идентифицируют себя с россиянами, живущими в регионе. Однако отсутствие жесткой иерархии внутри множественной социокультурной идентичности ведет к тенденциям аккультурации и ассимиляции российских корейцев на российском Дальнем Востоке. В регионе преобладают элементы стратегии непрямого самоутверждения и ретроспективной стратегии, что ведет к усилению тенденций интеграции и объединения российских корейцев и местного регионального сообщества.

Хотя самоидентификационные стратегии не встречаются в чистом виде в социальных практиках корейской диаспоры на российском Дальнем Востоке, но представители корейской диаспоры демонстрируют в определенной степени ориентацию на традиции предков и сохранение собственной самобытности, одновременно принимая черты принимающего общества и ориентируясь на определенные нормы и потребительские имиджи.

В перспективе социокультурная интеграция корейской диаспоры на российском Дальнем Востоке может включать как тенденции сохранения и воспроизводства этнокультурной самобытности, так и развитие единого регионального социокультурного и гражданского самосознания.

Современные публикации

Материалом для написания работы послужили разнообразные источники. Теме депортации посвящено большое количество различных публикаций и в первую очередь документов.[4] В 1997 г. был опубликован сборник архивных материалов, связанных с проблемой переселения корейцев и их реабилитацией.[5] В сборнике содержатся списки из Государственного архива Приморского края, которые дают информацию о депортированных осенью 1937 г. российских корейцах.

База данных Фонда зарубежных корейцев включает самые последние статистические материалы о динамике изменения численности корейцев России и СНГ в разные годы, которые дают нам картину миграционного процесса у российских корейцев.[6]

Законодательные документы являются важным источником при разработке таких проблем, как формирование корейской диаспоры в контексте национальной политики Российской империи, СССР и России; юридические основы создания и функционирования корейских общественных объединений. Они помогают выявить изменения национальной политики России и функционирования корейских общин и юридических основ

---

[4] Белая книга о депортации корейского населения России в 30-40-х годах. Книга первая. Ли, У Хе, Ким, Ён Ун. М., 1992; Белая книга о депортации корейского населения России в 30-40-х годах. Книга вторая. Ли У Хё, Ким Ён Ун. М., 1997.

[5] Книга памяти. Архивные списки депортированных российских корейцев в 1937 году Пак Чон Хе, Ли О.А. М., 1997. Ч. 1.

[6] Фонд зарубежных корейцев Республики Корея [Электронный ресурс] URL: http://www.korean.net/

их организаций. Речь идёт о законе «Об общественных объединениях», законе «О Национально-культурной автономии», постановлении «О реабилитации российских корейцев».[7]

Особую группу источников представляют личные интервью с представителями корейских организаций, беседы с российскими корейцами, занимающимися предпринимательской деятельностью в Приморском крае. Эти материалы послужили ценным источником информации для понимания роли российских корейцев в развитии экономических связей с Россией.

Важным источником являются публикации материалов научных конференций.[8]

Обширная литература по обозначенной теме может быть структурирована по нескольким направлениям.

---

[7] Закон РСФСР от 26 апреля 1991 г. № 1107-1 О реабилитации репрессированных народов [Электронный ресурс]. – Режим доступа: http://www.femida.info/13/zr26a1991N1107Ip000.htm

[8] Корейско-российская международная конференция, посвященная 140-летию переселения корейцев в Россию. - Дальневосточный государственный университет, Высший колледж корееведения. – Владивосток, 16.09.2004; Корейцы в России, радикальная трансформация и пути дальнейшего развития. Сборник материалов. Международная научная конференция, посвященная 70-летию депортации корейцев с Дальнего Востока в Среднюю Азию и Казахстан. - Москва, 2007.; Пак, М.Н. О причинах насильственной депортации советских корейцев Дальнего Востока в Центральную Азию.- Дорогой горьких испытаний. К 60-летию депортации корейцев России. М., - 1997, - С. 31. Торопов, А.А. К вопросу о миграции корейского населения на Дальнем Востоке России (1863-1916) // Изв. РГИА ДВ Владивосток, 1996. Г.1 С.104.

В первую группу входят работы, изданные в 1990-е годы. Одним из авторитетных исследователей истории российско-корейских отношений и переселения корейцев в России является Б.Д. Пак.[9] Ученый раскрывает основные мотивы и цели переселения корейцев на российскую территорию, показывают участие корейского населения в политической и экономической жизни Советской России.

Вторую группу работ образуют работы приморских ученых из Института истории, археологии и этнографии народов Дальнего Востока ДВО РАН.

В книге Т.З. Позняк дается характеристика политики царского правительства к иностранным подданным на Дальнем Востоке, в частности к корейцам.[10] Она отмечает противоречия этой политики. С одной стороны, можно проследить хорошее отношение к переселенцам, с другой – негативное, в зависимости от установок.

Коллективная работа под редакцией А.С. Ващук посвящена основным этапам миграционных процессов в Приморье, а также особенностям адаптации иностранных

---

9) Пак, Б.Д. Корейцы в Российской Империи. Иркутск: Иркутский государственный педагогический институт. 1994. 238с.; Пак, Б.Д. Корейцы в Советской России (1917 – конец 30-х годов). М. –Иркутск-С.-Петербург: Иркутский государственный педагогический институт. 1995. 259с.

10) Позняк, Т.З. Иностранные подданные в городах Дальнего Востока России (вторая половина XIX – начало XX в.) // Владивосток: Дальнаука, 2004. 316 с.

мигрантов.[11] Авторы указывают на негативные стороны корейской иммиграции, которая не поддавалась полному контролю и необходимому ограничению. Высокая концентрация корейцев в приграничных районах Приморья не отвечала интересам государственной безопасности, что послужило причиной депортации мигрантов в Среднюю Азию и Казахстан конце 1930-х годов. Отмечается, что для российских центральных органов власти характерно отставание в формировании цельной концепции миграционной политики России, а также запаздывание создания соответствующих институтов управления.

В публикациях Л.В. Забровской описывается характер отношений России со странами Корейского полуострова в 1990-х годах.[12]

11) Ващук, А.С., Чернолуцкая, Е.Н., Королева, В.А., Дудченко, Г.Б., Герасимова, Л.А. Этномиграционные процессы в Приморье в XX веке. Владивосток: ДВО РАН, 2002. - 228 с.

12) Забровская, Л.В. Россия и КНДР: опыт прошлого и перспективы будущего (1990-е гг.): Монография / Л.В. Забровская. – Владивосток: Изд-во Дальневост. ун-та, 1998. – 116 с.; Забровская, Л.В. Россия и Республика Корея: от конфронтации к сотрудничеству: Монография / Л.В. Забровская. – Владивосток: Институт истории, археологии и этнографии народов Дальнего Востока ДВО РАН, 1996. – 127 с.

Общественные организации российских корейцев Приморского края

В 1989 г. возникла первая общественная организация в Приморском крае – Ассоциация корейцев «Находка». К 1993 г. во всех городах Приморского края действовали различные корейские общественные организации. На базе культурных центров и территориальных ассоциаций в 1993 г. в Уссурийске был создан Фонд «Возрождение», который фактически координировал деятельность корейских общественных организаций в масштабах края. Члены фонда занимались разнообразной организационной деятельностью, помогали в сборе и представлении документов для реабилитации, получении специальных удостоверений, статуса беженца и вынужденного переселенца. Фонд издавал газету «Вон Дон» на русском и корейском языках. С февраля 2001 г. газета была зарегистрирована как независимое издание.

В Приморском крае, согласно закону 1996 г. "О национально-культурной автономии", были созданы национально-культурные автономии (НКА) корейцев. НКА Уссурийска в 2004 г. стала учредителем еженедельника "Корё Синмун" ("Корейская газета").

Корейские общественные организации регулярно

проводит фестивали корейской культуры, организует поездки, как в Южную Корею, так и в Северную Корею, приглашает корейских деятелей искусства для обучения традиционному музыкальному и танцевальному искусству.

В Приморском крае корейские общественные организации входят в Ассоциацию корейских организаций Приморского края (АКОРП). В течение десяти лет АКОРП последовательно выступает с миссией объединения Севера и Юга на Корейском полуострове, организует совместные встречи генеральных консулов КНДР и Республики Корея. В течение десяти лет АКОРП последовательно выступает с миссией объединения Севера и Юга, организуя совместные встречи генеральных консулов КНДР и Республики Корея. В феврале 2015 г. Ассоциация корейских организаций Приморского края во главе с Валентином Паком отметила Восточный Новый год в Центре национальной культуры в городе Артёме. На встрече присутствовали генеральный консул КНДР в Находке Им Чхон Ир, генеральный консул Республики Корея во Владивостоке Ли Сок Пэ, генеральный консул Японии во Владивостоке Тацухико Касаи, генеральный консул Социалистической Республики Вьетнам во Владивостоке Чан Зуй Тхи.

В Приморском крае зарегистрировано около десяти национально - культурных автономий российских корейцев: во Владивостоке, Арсеньеве, Артёме,

Дальнегорске, Находке, Спасске-Дальнем, Уссурийске. Кроме того в Партизанске общественная организация корейцев называется «Единство», а в Партизанске – «Сучан». Также активно работают и другие общественные организации: в Уссурийске – Краевой благотворительный фонд «Возрождение» и Фонд мира в Северо-Восточной Азии. Корейская диаспора в Приморье является одной из самых активных групп многонационального населения края, осуществляет активные этнокультурные контакты. Многие из представителей корейской диаспоры активно участвуют в управлении различными сферами народного хозяйства, входят в законодательные и исполнительные органы власти Приморского края. Например, ректор Морского государственного университета им. адмирала Г.И. Невельского Сергей Огай.

17 августа 2015 г. в сквере Городов-побратимов во Владивостоке состоялось официальное открытие памятного знака, посвященного 150-летию дружбы российского и корейского народов. На мероприятии собрались представители дипломатических ведомств разных стран, а также члены корейской диаспоры со всего Приморья. Валентин Пак, председатель Ассоциации корейских организаций Приморского края сказал: «Для нас эта дата важна тем, что наша историческая память, что наши предки нашли помощь и дружбу со стороны российского

государства». Ли Се Ун, председатель Фонда российско-корейской культуры заявил: «Я думаю, что сегодня — исторический день! Потому, что более чем 150 лет назад корейцы переселились сюда и, несмотря на все трудности, они смогли здесь успешно обосноваться, благодаря поддержке российского народа».

Несмотря на сложные взаимоотношения, на церемонии были представители консульств Республики Корея и КНДР. Ли Сок Пэ, Генеральный консул Республики Корея во Владивостоке выступил с речью, в которой сказал: «Я поздравляю российских корейцев с торжественным открытием памятного знака 150-летия добровольного переселения корейцев в Россию!» А Им Чхон Ир, генеральный консул КНДР в Находке сказал: «Многие корейцы в России стали известными людьми в области политики, экономики, культуры. И они внесли существенный вклад в развитие не только Приморья, но и России».

Из разных городов и районов Приморья на открытие памятного знака приехали члены корейских диаспор. Главная мечта каждого — что когда-нибудь их историческая Родина станет одной страной. Символично, что улица Пограничная, на которой находится сквер Городов-побратимов до 1941 г. называлась Корейской, а вся ближайшая территория Корейской слободой.

Самая многочисленная корейская диаспора в Приморье

находится в Уссурийске. Поэтому городской округ в крае неофициально считается центром сохранения культуры и традиций Кореи. В декабре 2016 г. в Уссурийске после реконструкции открылся Музей истории российских корейцев. Проект был поддержан Государственным национальным музеем Республики Корея, многочисленными общественными организациями в Южной Корее и за ее пределами, генеральным консульством Республики Корея во Владивостоке. Как сообщили в Национально-культурной автономии корейцев Приморского края, музей дальше расширяться не будет и останется в том виде, каким его увидели первые посетители. Новые экспонаты, попадающие в музейный фонд, пополнят будущий дом-музей корейского патриота Чхве Чже Хёна. Здание уже приобретено и готовится к реставрации, а пока идет сбор пожертвований.

Общественные организации российских корейцев Хабаровского края

С декабря 2004 г. в Хабаровске действует Ассоциация корейских организаций Дальнего Востока и Сибири . Бейк Ку Сен является президентом Ассоциации корейской организации Дальнего Востока и Сибири. Целью Ассоциации была провозглашена консолидация усилий действующих на территории Хабаровского края общественных организаций – Общества содействия мирному объединению Кореи, корейского молодежного культурного центра «Корё» и Общества разрозненных семей. Одной из целей Ассоциации было объявлено объединение корейских организаций Дальневосточного федерального округа, но пока это не произошло. Можно предположить, что в Хабаровске представители КНДР проявляют большую активность на социально-культурное сотрудничество. Ассоциация тесно сотрудничает с государственными и общественными организациями, которые занимаются вопросами национальных, международных и культурных связей.

Поддерживает контакты с генеральными консульствами Республики Корея и Корейской Народно-Демократической Республики, что позволяет не только российским корейцам узнавать больше о том, что происходит в обеих странах, но и зарубежным партнерам знакомиться с особенностями жизни в России. Именно через такие контакты происходит реальное объединение корейской диаспоры Хабаровского края. Например, в 2014 г. в Пусане по инициативе Фонда международного сотрудничества состоялись мероприятия, посвященные 150-летию добровольного переселения корейцев в Россию, на которых присутствовали члены Ассоциации.

Новым этапом развития межнациональных отношений в регионе также стало создание Международной ассоциации национальных культур и Ассамблеи народов Хабаровского края. Регулярные фестивали корейской песни и корейского языка, которые проводятся при непосредственном участии Ассоциации, помогают знакомиться с корейской культурой представителям различных национальностей и усиливают интерес молодежи. Зачастую молодые корейцы не только имеют слабое представление об истории и культуре Кореи, но и не владеют родным языком. Самое популярное мероприятие – встреча Нового года по лунному календарю. Этому празднику отводится значимая роль, ведь именно на этом мероприятии есть уникальная возможность в занимательной форме рассказать и приобщить молодых людей к обычаям и традициям корейцев. Празднование годовщины освобождения Корейского полуострова советскими войсками, которое произошло 15 августа 1945 г., связывается с годовщиной окончания Второй мировой войны. В этом мероприятии традиционно принимают участие не только российские корейцы, но и многочисленные гости, многие из которых приезжают из Республики Корея и КНДР.

В июне 2015 г. в Дальневосточной государственной научной библиотеке открылась фотовыставка, посвященной 51-й годовщине со «Дня начала деятельности великого руководителя корейского народа товарища Ким Чен Ира в

Центральном комитете Трудовой Партии Кореи» при поддержке Хабаровской канцелярии Генерального консульства Корейской Народно-Демократической Республики.

15 августа 2015 г. в Хабаровском спортивном комплексе стадиона им. В.И. Ленина прошел ежегодный фестиваль корейской культуры, посвященный годовщинам окончания Второй мировой войны и освобождения Корейского полуострова. Впервые на фестивале собрались представители дипломатических и общественных организаций КНДР и Республики Корея и на одной сцене впервые выступали творческие коллективы обоих государств Корейского полуострова.

В августе 2015 г. в музее имени Н.И. Гродекова Востока была организована выставка фотографий, книг и изделий декоративно-прикладного искусства КНДР, посвященная 70-ой годовщине освобождения Северной Кореи от японских милитаристов, а также 13-ой годовщине посещения Ким Чен Иром Дальнего Востока. Это был совместный проект хабаровской канцелярии генерального консульства КНДР и регионального отделения партии «Единая Россия».

1 сентября 2015 г. в хабаровской гимназии №5 открылся класс российско-корейской дружбы. В мероприятии приняли участие мэр Хабаровска Александр Соколов, заместитель Генерального консула КНДР в Находке г-н Мун

Хо, заместитель мэра Хабаровска по международным и внешнеэкономическим связям Александр Александров, начальник управления образования администрации Хабаровска Ольга Тэн, а также президент Ассоциации корейских организаций Дальнего Востока Бейк Ку Сен.

В сентябре 2015 г. краевом музыкальном театре состоялся концерт с выступлением Заслуженного государственного хора КНДР, посвященный 70-окончания Второй мировой войны и проведению перекрестного Года дружбы КНДР-Россия. Можно отметить, что большая часть мероприятий с участием КНДР организуются именно в Хабаровске.

Достижение поставленных целей и задач не может быть реализовано без тесного сотрудничества с государственными и общественными организациями, которые занимаются вопросами национальных, международных и культурных связей Дальневосточного региона.

Именно культура является системообразующим фактором консолидации и развития общества. В условиях угроза утраты традиционной этнической культуры и языка, общественные организации российских корейцев прилагают усилия не только по сохранению своего статуса, но расширяют коммуникации с зарубежными институтами. При этом речь идет не только о Республике Корея и КНДР, но родственными организациями из стран Центральной Азии.

Следует отметить, что проведение общероссийских

национально-культурных фестивалей, посвященных 140-летию и 150-летию добровольного переселения корейцев в Россию, а также 70-летию окончания Второй мировой войны вызвало не только активность, но и попытки единения корейских общественных организаций на российском Дальнем Востоке.

Достижением их деятельности стало то, что методы работы национальных корейских институтов привлекают не только этнических корейцев, но и людей, интересующихся культурой, языком и обычаями этой страны. Либеральность и открытость корейских обществ позволяет им успешно развиваться. Их деятельность направлена не только на национальное культурное возрождение российских корейцев, а также на развитие культуры межэтнических отношений в регионе.

Анализ деятельности корейских общественных организаций позволят утверждать, что в межэтническом взаимодействии различные стратегии могут проявлять себя как способы конфронтации и изоляции, а также как способы интеграции и объединения.

Ассоциация корейских организаций Дальнего Востока и Сибири пока не сумела в полной мере консолидировать усилия действующих в Дальневосточном федеральном округе общественных организаций, направленных на национальное культурное возрождение российских корейцев.

Заключение

Добровольное переселение корейцев в Россию было связано с социально-экономическим фактором – поиском жизненных ресурсов. Последующее формирование корейской диаспоры происходило вследствие политического фактора – репрессии и насильственной депортации корейского этнического меньшинства, в результате которой корейцы были выделены в определенную социальную этническую группу, которая в силу своего статуса потеряла право на самостоятельное социокультурное развитие. В дальнейшем это способствовало элементам тенденции замкнутости как условия сохранения культурной самобытности и формированию корейской диаспоры, что явилось фактором социокультурной дезинтеграции корейской диаспоры и предпосылкой формирования собственной идентичности.

Находясь в ограниченных экономических и

социокультурных условиях в местах спецпоселений, данная этническая группа занимала сельскохозяйственную нишу экономики, что привело к тенденциям экономического изоляционизма и процессу аккомодации корейской этнической диаспоры. После реабилитации в связи с возможностью получения образования и освоения различных секторов экономики стали происходить изменения в социальной структуре корейской общины, которые разрушили барьеры социокультурной интеграции и способствовали утверждению социально-профессионального расслоения корейской диаспоры, что, в свою очередь, явилось фактором социокультурной интеграции и привело к ассимиляционным тенденциям.

Фактором формирования корейской этнической диаспоры в России явился территориально-демографический фактор. Наблюдается положительная динамика в численном росте корейской диаспоры на российском Дальнем Востоке. Несмотря на то, что корейская диаспорта отличается дисперсным характером расселения, образовались места компактного проживания корейцев в регионе, в частности в Приморском крае и Сахалинской области. Подобное распределение было связано с наличием национально-культурных организаций, что свидетельствует об общинной солидарности российских корейцев.

Формированию корейской диаспоры на российском

Дальнем Востоке

способствовали культурное наследие и традиции, как
корейского этноса, так и полиэтничного окружения, что
привело к угрозе утраты культурной самобытности. Однако
всплеск национального возрождения в 1990-х гг. определил
тенденции возврата к этническим традициям и религиозно-
обрядовым практикам, что привело к возрождению
этнической идентичности. Также наличие билингвизма,
хотя и в пользу русского языка, свидетельствует о сохранении
этнической идентичности дальневосточных корейцев. Все
эти факторы свидетельствуют о тенденциях сохранения
культурной самобытности, ведущим к процессам успешной
интеграции корейцев в существующих условиях.

Локальная идентичность дальневосточных корейцев
проявляется через совокупность таких факторов как
антропологический тип, места компактного проживания,
традиция, религия, идея исторической родины, память о
прошлом. Поэтому консолидирующим фактором
дальневосточных корейцев в регионе является идея
исторической родины и память о прошлом, поскольку
укореняется в сознании отдельного индивида и в
коллективном сознании в процессе социокультурной
социализации, что в определенной степени способствует
объединению внутри этнической группы. Вместе с тем
существует ряд факторов, которые являются основанием

для трансформации и воспроизводства множественной идентичности. К ним относятся территориальный, экономический, общественно-политический и межэтническое взаимодействие.

Исторически дальневосточные корейцы не имеют собственного территориальным образования не придают территориальному вопросу большого значения для развития корейской группы, что свидетельствует о преобладании гражданской идентичности над этнической.

В современных условиях представители дальневосточных корейцев в большей степени заинтересованы в экономическом развитии, овладевая различными видами профессиональной деятельности, они конкурируют внутри группы и составляют конкуренцию другим этническим сообществам региона. В общественно-политической сфере идентичность российских корейцев в регионе поддерживается созданием национально-культурных объединений, участием в общественно-политических организациях, представительством в органах власти и муниципальном управлении.

В межэтническом взаимодействии корейцы демонстрируют позитивные межэтнические установки и стремление к коммуникации, осуществляемые главным образом над этническими границами, что ведет к сокращению социальной дистанции и ослаблению границ между корейской диаспорой и полиэтничным окружением. На современном этапе в связи со сменой поколений память о политической дискриминации стирается, и элементы конфронтации российских корейцев не проявляются, что ведет к тенденции интеграции в социально-политическую систему региона.

В целом у дальневосточных корейцев наблюдается преобладание ориентации на инновационные ценности, демократические институты и потребительские имиджи. В социальных практиках наблюдается позитивное отношение к межэтническому взаимодействию и совместному труду с представителями других национальностей.

В каждой из вышеперечисленных стратегий наблюдается наличие тенденций как конфронтации и изоляции, так и интеграции и объединения. Однако необходимо отметить, что в реальности эти стратегии не встречаются в чистом виде, а преобладают элементы стратегии непрямого самоутверждения и ретроспективной стратегии над элементами оппозиционной стратегии и стратегии сегрегации, что ведет к тенденциям интеграции и объединения дальневосточных корейцев в социокультурное окружение российского Дальнего Востока.

Библиография

I. Литература

Бугай Н.Ф., Сим Хон Ёнг. Общественные объединения корейцев России: конститутивность, эволюция, признание. – М.: Н овый хронограф, 2004. – 370 с.

Бугай Н.Ф. Российские корейцы: перемены, приоритеты, перспе ктива. – М.: 2014. – 456 с.

Ващук, А.С., Чернолуцкая, Е.Н., Королева, В.А., Дудченко, Г.Б., Ге расимова, Л.А. Этномиграционные процессы в Приморье в XX веке // Владивосток : ДВО РАН, 2002. - 228 с.

Дин Ю. И. Корейская диаспора Сахалина: проблема репатриаци и и интеграция в советское и российское общество. Южн о-Сахалинск: ОАО Сахалинская областная типография, 2015 – 332 с.

Корейско-российская международная конференция, посвященн ая 140-летию переселения корейцев в Россию. - Дальнево сточный государственный университет, Высший коллед ж корееведения. – Владивосток, 16.09.2004.

Корейцы в России, радикальная трансформация и пути дальней шего развития. Сборник материалов. Международная нау чная конференция, посвященная 70-летию депортации к орейцев с Дальнего Востока в Среднюю Азию и Казахста н. - Москва, 2007.

Корейцы на российском Дальнем Востоке (вт. пол. XIX – нач. XX вв.). Документы и материалы. – Владивосток : Изд-во Дал ьневост. ун-та, 2001. – 380 с.

Курбанов, С. О. История Кореи с древности до начала XXI века. Санкт-Петербург: Издательство Санкт-Петербургского ун иверситета, 2009. – 680 с.

Ло Ён Дон. Проблема российских корейцев: история и перспект ивы решения. М., 2005.

Бахмет Ю.Н. Из истории корейских культурно-национальных ор ганизаций в России в 90-е годы.

Нам, С. Г. Российские корейцы: история и культура (1860-1925 г г.). / С. Г. Нам. - М., 1998.- 188 с.

Пак, Б.Д. Корейцы в Российской Империи. / Б. Д. Пак. - Иркутск: Иркутский государственный педагогический институт, 1994. - 238с.

Пак, Б.Д. Корейцы в Советской России (1917 – конец 30-х годов). / Б. Д. Пак. - Иркутск: Иркутский государственный педаго гический институт, 1995. - 259с.

Пак Б. Д. Россия и Корея. М.: Институт востоковедения РАН, 2004. — 520 с.

Пак Б.Д., Бугай Н.Ф. 140 лет в России. Очерк истории российски х корейцев. – М.: 2004.

Пак, В.К., Шабшина Ф.И. Героические дела корейских интернац ионалистов // Корейские интернационалисты в борьбе за власть Советов на Дальнем Востоке (1918 – 1922). М., - 1979. - С.8-10.

Пак, Ч. Х. Русско-японская война 1904-1905 гг. и Корея. Москва: « Восточная литература» РАН, 1997. – 251 с.

Петров А.И. Корейская диаспора на Дальнем Востоке России 60-90-е годы XIX века. – Владивосток: ДВО РАН, 2000. – 304 с.

Петров А.И. Корейская диаспора в России. 1897-1917 гг. – Владив осток: ДВО РАН, 2001 – 400с.

Позняк, Т.З. Иностранные подданные в городах Дальнего Восто ка России (вторая половина XIX – начало XX в.) / Т. З. Поз няк. - Владивосток : Дальнаука, 2004. - 316 с.

Торкунов, А. В. История Кореи (Новое прочтение). Москва: Моск овский государственный институт международных отношений, 2003. – 430 с.

Чернолуцкая, Е.Н. Принудительные миграции на советском Дальнем Востоке в 1920-1950-е гг. Владивосток: Дальнаука, 2011. – 512 с.

II. Статьи в научных журналах

Волохова, А.А. Китайская и корейская иммиграция на российский Дальний Восток в конце XIX – начале XX вв. // Проблемы Дальнего Востока. - 1996. - № 6. - С.105-106.

Волкова Т.В. Российские корейцы: к вопросу о самоидентификации.// Этнографическое обозрение, 2004, № 4. С. 27- 42.

Забровская, Л. В. Российские корейцы и их связи с родиной предков (1990—2003 гг.) // Проблемы Дальнего Востока. - 2003. - № 5.

Кремлянский С.Е. Национальный состав сельского населения Приморской губернии // Экономическая жизнь Приморья. Владивосток, 1924. №4(8). С.33.

Лыкова, Е.А., Проскурина, Л.И. Третья волна иммиграции: «Корейский вопрос» в Приморской деревне в 20-30-е годы 20 века // Россия и АТР. Владивосток, - 1996. - №2. - С.83, 85.

Кузин, А. Т. К истории политических репрессий и депортации сахалинских корейцев // Вопросы современной науки и практики. – 2010. – Вып. 4-6. – С. 290-299.

Ким, А. С. Транснациональность корейской диаспоры в Дальневосточном регионе // Пространственная экономика. – 2006. – Вып. 4. – С. 123-133.

Ким, Е. В. Российские корейцы: грани этнической идентичности // Азия и Африка сегодня. – 2013. – Вып. 2. – С. 52-56.

Нам, И.В. Страницы истории общественного самоуправления у корейцев русского Дальнего Востока (1863-1922 гг.) // Диаспоры. М., -2001. - №2-3. - С.157

Нам, С.Г. Из истории корейской общины на Дальнем Востоке (20-е гг.) // Проблемы Дальнего Востока. - 1993. - №2;

Пак Ын Кен. Демографическая характеристика советских корей
цев Дальнего Востока. 1920-1940 гг. // Проблемы Дальнего
Востока. - 1998. - №5. - С.126-130.

Петров, А.И. Корейская иммиграция на Дальний Восток России
в 1860-1917 гг. // Вестник ДВО РАН. - 1998. - №5.

Ткачева, Г.А. В условиях неравенства // Россия и АТР Владивосто
к. 1994. - № 2. - С. 79-87.

Торопов А.А. К вопросу о миграции корейского населения на Да
льнем Востоке России (1863 – 1916 гг.) // Известия РГИА Д
В. Т. I. — Владивосток, 1996. С. 101–110.

Торопов А.А. Корейские общественные организации в Приморск
ой области // Известия РГИА ДВ. Т. III. — Владивосток: РГ
ИА ДВ, 1998. С. 44–57.

Торопов А.А. Корейцы на российском Дальнем Востоке. Участие
корейцев в антияпонской национально-освободительной
борьбе (1860-е гг. – нач. ХХ в.) // Переселение корейцев в Р
оссию и антияпонское освободительное движение. Межд
унар. конф., посв. 140-летию переселения корейцев в Рос
сию. — Владивосток, 2004. С. 243–246.

Тощенко, Ж. Т., Чаптыкова Т.И. Диаспора как объект социологи
ческого исследования // Социологические исследования.
1996 . № 12. с. 33-42.

Троякова, Т. Г. Корейская деревня в Приморье: один из проектов
национального возрождения// Этнографическое обозрени
е. - 2008. - № 4. - С. 37-43.

Чернолуцкая, Е.Н. Мотивация и попытки отселения корейцев и
з Приморья // Гуманитарные и социально-экономические
аспекты обучения и воспитания кадров военно-морского
флота. Владивосток. 1999. - № 3. - С.164-171.

Чернолуцкая, Е.Н. Вытеснение китайцев с Дальнего Востока и д
епортация 1938 г. // Проблемы Дальнего Востока. 2008. №
4. С. 133 – 145.

[Методика проектного исследования]

Анкетирование

Планируется проведение анкетирования в рамках проекта по нескольким возрастным и профессиональным группам (март– август 2017 г.) во Владивостоке, Артёме, Уссурийске. Возможно анкетирование и жителей других городов, например, участников различных мероприятий, конференций и семинаров.

Проведение фокус-групп среди преподавателей Дальневосточного федерального университета и экспертного сообщества (20 человек).

Анкетирование различных групп российских корейцев. Выборка предполагает следующую структуру:

1. Представители старшего поколения (60-80 лет) – личные беседы.

2. Представители среднего поколения (35-60 лет) – личные беседы, ответы на вопросы анкет. На основе базы данных по упоминаниям в СМИ и личных связей.

3. Представители молодого поколения (18-35 лет, студенты, трудящиеся) – электронное анкетирование.

Анкета

▪ Российские корейцы в Приморском крае

В рамках проекта о формировании идентичности

российских корейцев проводится опрос, результаты которого будут использованы при подготовке специальной книги о российских корейцах на Дальнем Востоке России.

Ваше участие в виде ответов на вопросы будет полезным для написания книги и позволит продолжить дальнейшие исследования этой темы.

Данные анкеты будут использованы только для научных целей, и не будут передаваться никаким другим организациям или людям.

Заранее благодарим за ваше время, которое вы потратили в процессе собеседования.

(Время проведения: март – июнь 2017 г.)

Тамара Гавриловна Троякова, к.и.н, доцент ДВФУ, ответственный исполнитель проекта

Электронный адрес:: tamaratroyakova@gmail.com

1. Год и место рождения

А где родились ваши родители?

2. Что Вы считаете своей родиной?

а) страна рождения

б) страна настоящего проживания

в) земля предков

г) историческая родина

д) трудно сказать

3. Профессиональное образование

1. Среднее, среднее специальное

2. Высшее (название)

3. Дополнительное

4. А какое было образование у ваших родителей?

1. Среднее

2. Высшее

5. В каком населенном пункте проживаете? Как долго?

1. Город

2. Поселок

3. Другое

6. Место вашей работы и должность

1. Государственное учреждение

2. Частная компания

3. Другое

7. Семейное положение

1.Имею семью, есть дети

2.Нет

8. Какова национальность супруга?

1. Кореец

2. Другая

9. Какими языками владеете, какие учите, какие хотите выучить

    1. Русский

    2. Корейский

    3. Другой, какой?

10. Какие обычаи соблюдаете и праздники отмечаете?

    1. корейские

    2. российские

    3. другие

11. Принимаете ли участие в деятельности общественных организаций, если да, то каких?

    1. Российских корейцев – каких?

    2. Религиозных, каких?

    3. Других – ?

12. Каково основное сообщество, к которому Вы принадлежите?

    1. Этническое сообщество

    2. Сообщество по стране проживания

    3. Моя семья

    4. Профессиональное сообщество

    5. Религиозная группа

    6. Трудно сказать

    7. Другое

13. Посещали ли Республику Корею, если да, то с какой целью?

    1. Туризм

    2. Деловая

    3. Учеба

    4. Другое

14. Есть у вас родственники в Южной Корее? Чем они там занимаются?

    1. Работают

    2. Учатся

    3. Другое

15. Поддерживаете ли вы деловые отношения с бизнесменами из Южной Кореи?

    1. Да

    2. Нет

    3. Другое

16. Должна ли Южная Корея оказывать экономическую поддержку корейским диаспорам и странам, где они проживают?

    1. Да

    2. Нет

    3. Не задумывался

    4. Трудно сказать

17. Посещали КНДР, если да, то с какой целью?

1. Туризм

2. Деловая

3. Учебная

4. Другое

18. Есть у вас родственники в Северной Корее?

1. Да

2. Нет

3. Другое

19. Поддерживаете ли вы деловые отношения с бизнесменами из КНДР?

1. Да

2. Нет

3. Другое

20. Читаете ли произведения корейских авторов, газеты, смотрите ли корейские фильмы? Если да, то, на каком языке?

1. Русском

2. Корейском

3. Другое

Благодарим за ответы и готовы записать ваши впечатления и предложения по анкете

Исполнитель: ФИО

Место и дата опроса

[Приложение]

1. Общественные организации российских корейцев

Ассоциация корейских организаций Приморского края (АКОРП) была учреждена 17 марта 2008 года. Она объединяет общественные организации корейцев, созданные во Владивостоке, Артеме, Уссурийске, Находке, Партизанске, Большом Камне, Спасске-Дальнем, Арсеньеве.

Председатель АКОРП - Валентин Петрович Пак.

При активном участии АКОРП целенаправленно осуществляется ряд общественно значимых гуманитарных, культурных, спортивных программ. Среди них – совместные молодежные творческие фестивали в России, КНДР; ежегодный отдых приморских школьников на летних каникулах в пионерском лагере «Сандовон» в КНДР; активное участие наших спортсменов в международных соревнованиях по восточным единоборствам, где они завоевывают высокие награды.

Осенью 2014 года во Владивостоке АКОРП организовала торжественное мероприятие, посвященное 150-летию добровольного переселения корейцев в Россию. Был устроен уникальный праздничный концерт. На одной сценической площадке одновременно выступили артисты четырёх государств: КНДР, Республики Корея, КНР и России. АКОРП провела большой гастрольный тур с участием артистов из КНДР во Владивостоке, Артеме, Большом Камне, Находке, Партизанске, Уссурийске.

В феврале 2016 года АКОРП совместно с администрацией Приморского края и филиалом фонда «Русский мир» принимала во Владивостоке делегацию школьников из КНДР. Первым городом России, который посетили победители Первой всереспубликанской олимпиады по русскому языку при Пхеньянском институте иностранных языков в КНДР, стал Владивосток. Это - важное событие в российско-корейском гуманитарном сотрудничестве, которое украсило перекрестный Год дружбы Россия – КНДР. Организации в составе Ассоциации корейских организаций :

Краевой общественный благотворительный фонд приморских корейцев «Возрождение»

Уссурийск, ул. Ермакова, 57.

Тел. +7 924-737-58-12

honger.kim@mail.ru

Ким Хон-Гер, генеральный директор

Приморский краевой комитет разрозненных корейских семей

Тел. +7 914-715-74-96.

Магай Анатоий Федорович, председатель

Национально-культурная автономия корейцев (НКАК) «Сучан»

Партизанск, ул. Кондукторская, 23

Тел.+7 914-791-01-53

Ким Александр Олегович, председатель

Национально-культурная автономия корейцев (НКАК) «Единство»

Партизанск, ул. Обогатительная, 6

Тел. +7 914-716-17-70

Хан Владимир Владимирович, председатель

Национально-культурный центр корейцев (НКЦК)

Большой Камень, ул. Дачная, 36а

Ким Лора Николаевна, председатель

Национально-культурная автономия корейцев (НКАК)

Находка, пр. Мира, 306-82.

Тел. +7 914-727-4091

Ким Константин Миронович, председатель.

Национально-культурная автономия корейцев Приморского края

692503, Уссурийск, ул. Амурская, 63, Корейский культурный центр

Тел./Факс +7 (4234) 33-37-47

sinmoon@mail.ru

Ким Николай Петрович, председатель

ООО « Национальный культурный центр»

Артем, ул. Ключевая, 1/1, гостиница « Райтекс», каб. 24.

Тел. +7-908-994-4526

Ти Сергей Трофимович, директор

2. Биографии

◎ Кан Валерий Владимирович

Депутат Законодательного Собрания Приморского края. 2 марта 2008 года избран депутатом Законодательного Собрания Приморского края по избирательному округу № 10 (Уссурийский, Октябрьский, большая часть Михайловского района, часть г. Уссурийска). Сентябрь 2016 г. - избран депутатом ЗС ПК. Член Всероссийской политической партии «ЕДИНАЯ РОССИЯ», член Регионального политического совета Приморского регионального отделения Партии «ЕДИНАЯ РОССИЯ»,

Родился 21 августа 1978г. в Ташкенте. Дата приезда в Приморский край - 1994 г.

Основное место работы или службы, занимаемая должность – АО "АльянсГрупп Инвестиции и Строительство", директор по развитию.

Профессиональное образование – Автономное образовательное учреждение высшего профессионального образования Курской области Курский институт государственной и муниципальной службы, 2011 г.

Трудовая деятельность: 1997-1999 гг. - Уссурийская городская общественная организация "Федерация таэквондо "Сонны", тренер. 2

2001 г. – ОАО "Уссурийский таксопарк", инженер по эксплуатации; 2001-2007 гг.

2007 г. – по настоящее время – ООО "Транспортно-производственная компания "Вояж", генеральный директор.

14 марта 2004 года избран депутатом Думы Уссурийского городского округа. С 2004 по 2012 год президент Приморской краевой федерации тхэквондо. С 2007 года Президент межрегиональной федерации таеквон-до ИТФ. Обладатель черного пояса, 4 дан. Международный инструктор, судья международной категории «А». С октября 2008 года член исполкома Союза тхэквондо России. С 2010 г. – вице-президент Союза Паратхэквондо России. За активную благотворительную деятельность В.В. Кан в 2009 г. решением Всероссийского общества инвалидов удостоен звания «Почетный член Всероссийского общества инвалидов». 2 марта 2008 года Валерий Владимирович Кан был избран депутатом Законодательного Собрания Приморского края. С 2013 года является учредителем Общероссийского народного фронта по Приморскому краю и членом регионального политсовета Всероссийской политической партии «Единая Россия».

С 2013 по 2015 год являлся председателем молодежного собрания депутатов при Законодательном Собрании Приморского края. С декабря 2015 года является членом президиума межрегиональной общественной организации

«Азиатско-Тихоокеанская ассоциация преподавателей русского языка и литературы».

◎ Ким Георгий Николаевич

Ректор ФГБОУ ВО "Дальневосточный государственный технический рыбохозяйственный университет". Доктор технических наук, профессор, заслуженный работник рыбного хозяйства Российской Федерации.

Родился 30 апреля 1954 г. в поселке Палванташ Андижанской области. Профессиональное образование - Дальрыбвтуз в 1979 г.

Трудовая деятельность - Дальрыбвтуз, 1979 г. научный сотрудник, а в 1980 г. был назначен проректором по капитальному строительству; последующие годы трудился на различных должностях (проректор по АХР, проректор по международным связям, проректор по социальной работе и одновременно председатель объединенного профсоюзного комитета Дальрыбвтуза).

В 2004 г. был избран ректором Дальрыбвтуза; является председателем совета ректоров вузов Федерального агентства по рыболовству, заместителем секретаря регионального совета по работе с молодежью партии "Единая Россия", действительным членом международной академии наук экологии и безопасности жизнедеятельности, академии безопасности, обороны и правопорядка и Нью-

Йоркской академии наук. Список публикаций включает 108 наименований, в том числе 2 монографии, 2 учебных пособия, 6 брошюр и 30 изобретений.

«За большой вклад в подготовку и воспитание кадров» присвоено звание "Заслуженный работник рыбного хозяйства России"; награжден медалью "300 лет Российскому флоту", нагрудным знаком "Почетный работник высшего профессионального образования РФ", грамотами Госкомрыболовства, Министерства обороны.

Адрес: 690087, Приморский край, г. Владивосток, ул. Луговая, 52Б

Телефон: 8 (423)244-03-06

Факс: 8 (423)244-24-32

E-mail: festfu@mail.ru

◎ Ким Зинаида Николаевна

депутат Думы города Владивостока на непостоянной основе.

Родилась 18.11.1953г.

Профессиональное образование – Ленинградский ордена Трудового Красного Знамени государственный педагогический институт имени А.И. Герцена, 1976 г.

Владивостокский государственный университет экономики и сервиса, 2002-2005 гг.

Трудовая деятельность - заведующая детским садом,

руководитель управления по торговле, услугам и общественному питанию г. Владивостока. Является членом совета приморского регионального отделения Всероссийской общественной организации ветеранов "Боевое Братство", состоит в общественной организации "Опора России", Отличник народного просвещения.

http://viperson.ru/people/kim-zinaida-nikolaevna

Подробнее: http://primamedia.ru/news/516223/

◎ Ким Климент Владимирович

Генеральный директор ООО "СЛАВЯНКА-ТУР". Деятельность туристических агентств. Оптовая торговля рыбой, морепродуктами и рыбными консервами. Оптовая торговля прочими пищевыми продуктами.

Сотрудничество с представителями туристического бизнеса Южной Кореи.

◎ Ким Николай Петрович (Пяк-Нокович)

Председатель Национально-культурной автономии корейцев Приморского края. Заместитель председателя Общероссийского объединения корейцев по Дальневосточному региону.

Родился 09.12.1955 г. в поселке Достижение, Казахстан.

Бизнесмен, общественный деятель, меценат, спонсор.

Имеющиеся поощрения: медаль ордена «За заслуги перед Отечеством» II степени - 2007; Почетная грамота Министерства регионального развития РФ - 2008; Почетная грамота Законодательного Собрания Приморского края - 2013

Профессиональная деятельность: ООО «Дружба» - оптово-розничная база. Производственное направление представляют ООО «Восход» (деревообрабатывающий цех в Анучино), ООО «Рассвет» (обувные фабрики) и ООО «Ариран-Н» (свиноферма, теплицы и рыбный цех). ООО «Дэмос» осуществляет международные перевозки грузов (овощи, фрукты, строительные материалы из Китая), а оформлением завозимых товаров занимается таможенно-логистический терминал. База отдыха «Благодать» и спортивный комплекс «Дружба». Соучредитель ООО «Многорядов» (рынок в Хабаровске). Соучредитель ООО «Госспецавто», занимающееся реализацией спецтехники южнокорейского производства.

◎ Квон Вячеслав Васильевич

Глава муниципального образования Спаска-Дальнего, Приморского края с 2016 г.

Бывший председатель Думы Артемовского городского округа. http://primamedia.ru/news/politics/04.08.2016/522719/ novoizbranniy-glava-spasska-dalnego-pokinul-post-spikeradumi-artema.html

Родился 31.07.1964 в поселке Тавричанка Надеждинского района Приморского края.

С 1981 по 1982 год был электрослесарем в Тавричанском шахтостроительном управлении.

В 1986 г. окончил Актюбинское высшее летное училище гражданской авиации.

С 1986 по 1998 год - пилот в 145 Лётном отряде г. Владивостока (в последующем ОАО «Владивосток Авиа»). С 2005 года по 2012 год являлся директором ООО «Старт – 1».

С 2008 года по 2012 год являлся депутатом Думы Артемовского городского округа шестого созыва. Член ВПП "Единая Россия".

14 октября 2012 года избран депутатом Думы Артемовского городского округа седьмого созыва. С 25 октября 2012 года - председатель Думы Артемовского городского округа седьмого созыва.

◎ Огай Сергей Алексеевич

Ректор МГУ им. адм. Г.И. Невельского, кандидат технических наук, доцент.

Родился 2 декабря 1954 года в г. Советская Гавань Хабаровского края.

1971-1976 гг. – курсант Дальневосточного высшего инженерного морского училища имени адмирала Г.И.

Невельского. Окончил с отличием ДВВИМУ по специальности «Судовые машины и механизмы».1976-1979 гг. - аспирант Дальневосточного высшего инженерного морского училища имени адмирала Г.И. Невельского.

1995-1996 гг. - начальник научно-исследовательского сектора Дальневосточной государственной морской академии имени адмирала Г.И. Невельского. 1996-2007 гг. - проректор по научной работе Морского государственного университета имени адмирала Г.И. Невельского. С 2008 по настоящее время - ректор Морского государственного университета имени адмирала Г.И. Невельского.

Является заместителем председателя Совета ректоров вузов Приморского края, входит в состав Совета ректоров Дальневосточного федерального округа, Совета по образованию Федерального агентства морского и речного транспорта. Является членом Владивостокского морского собрания. Является членом Дальневосточного отделения Русского географического общества (Общество изучения Амурского края). Является действительным членом Российской Академии транспорта (РАТ), возглавляет Дальневосточное отделение РАТ. Входит в состав регионального отделения Российского Союза промышленников и предпринимателей Российской Федерации. Представитель Союза «Российская палата судоходства» на Дальнем Востоке. Председатель

Общественного экспертного совета по транспортной политике в Приморском крае.

◎ Пак Валентин Петрович

Председатель Думы Надеждинского муниципального района, председатель Ассоциации корейских организаций.

Родился 2 июля 1950 г. в посёлке Кавалерово Приморского края. Отец его, в составе группы специалистов корейской национальности был направлен в Корею с частями Красной Армии.

(http://www.zrpress.ru/business/primorje_02.07.2015_73159_ izvestnyj-primorskij-biznesmen-i-obschestvennyj-dejatel-valentin-pak-otmechaet-65-letie.html)

Профессиональное образование – горный факультет Дальневосточного политехнического института.

Член Союза писателей России, первый и единственный дальневосточный обладатель государственной награды «За благодеяние», обладатель Международной премии Союза писателей России «Имперская культура».

Внес личный вклад в воссоздание цельной картины корейской эмиграции на Дальнем Востоке. Организатор более десятка встреч генеральных консулов КНДР и Республики Корея. Он первым собрал четырех генеральных консулов – Северной Кореи, Японии, Вьетнама и Южной Кореи. В 2016 году впервые за одним дружеским столом собрались генеральные консулы сразу пяти стран: КНДР, Республики Корея, США, Социалистической республики Вьетнам, Японии.

В 2014 году он софинансировал исторический международный автопробег «Россия – Северная Корея – Южная Корея». Член консультативного совета по мирному объединению Кореи при Президенте Республики Корея.

Учредитель первой в регионе межнациональной газеты «Утро Востока», книжного издательства «Валентин». Создатель фильма «Земля Вольной Надежды», состоящий из трех частей.

1974 г. – окончил Дальневосточный политехнический институт им. В.В.Куйбышева.

1974 - 1989 гг. - горный мастер, заместитель начальника гидрологической полевой экспедиции с. Вольно-Надеждинское.

2005 г. - создание общественной организации «Союз предпринимателей Приморского края

2006 г. - по настоящее время- Председатель Ассоциации корейских организаций Приморского края (АКОРП).

2006 г. - открытие телерадиокомпании «АВН»

2007 г. - передача здания в дар Приморской Епархии послушницам женского монастыря

2007 г. - получение архиерейской грамоты за усердие и труды во славу Православной церкви

2008 г. - присвоение звания «Почетный гражданин Надеждинского муниципального района»; депутат Думы Надеждинского муниципального района

2009 г. - по настоящее время - председатель Думы Надеждинского муниципального района

2009 г. - учредил первую межнациональную газету в России – «Утро Востока»; в настоящее время является учредителем 4-х краевых газет, в том числе: «Конкурент», «Утро России», «Бизнес-газета»

2010 г. - открытие книжного издательства «Валентин»

2012 г. - избран членом Союза писателей России

2013 г. - присвоение звания лауреата премии Союза писателей России «Имперская культура» им. Э. Володина

2014 г. – участие в важнейшей международной миротворческой акции «Автопробег Россия – КНДР - Республика Корея – 2014» в качестве одного из руководителей

2015 г. - получение государственной награды Российской Федерации - медали «За благодеяние»; кроме этого имеет четыре государственные награды КНДР и государственную награду Республики Корея

2015 г. - установление памятника (автор В. Пак), посвящённого 150-летию дружбы корейского и российского народов. В открытии памятника принимали участие генеральные консулы КНДР, Республики Корея, США, Социалистической республики Вьетнам, Японии, Индии, руководители Приморского края и общественность региона

2015 г. - восстановление и дарение колокола Свято-Успенскому Святогорскому мужскому монастырю у могилы А.С.Пушкина

2015 г.- презентация фильма «Земля вольной надежды» (продюсер и автор сценария В. Пак) на XIII Международном кинофестивале «Меридианы Тихого». В 2016 году фильм примал участие в Международном Сретенском кинофестивале, завоевал звание лаурета этого фестиваля

2015 г. – присвоение золотой медали Всемирной лиги общественного блага при ООН

2016 г. - организация и финансирование поездки делегации школьников из КНДР, победителей олимпиады по русскому языку при Пхеньянском институте иностранных языков в КНДР

2016 г. – организация и проведение 15 международной встречи генеральных консулов КНДР, Республики Корея, США, Социалистической республики Вьетнам, Японии по случаю восточного Нового года

2016 г. - участие в 16-ом Национальном Молитвенном Завтраке в г. Москве

2016 г. - презентация книг, приуроченная к 125-летию пребывания наследника российского престола цесаревича Николая во Владивостоке: трёхтомник «Путешествие на Восток наследника цесаревича», Книга Ф.Э. Кларка «Великая

Сибирская железная дорога», а также книга Р. Бриннера "Империя и Одиссея".

В 2005 году создал общественную организацию «Союз предпринимателей Приморского края «Южноприморский», объединившую предпринимателей Надеждинского и Хасанского районов, городов Артема и Уссурийска.

◎ Пак Юлия Валентиновна

Глава Общественного Совета предпринимателей Приморского края и Союза предпринимателей Приморского края «Южноприморский». Дочь В. П. Пака.

◎ Пак Олег Игоревич

Главный врач Медицинского Центра ДВФУ, директор Медицинского центра ДВФУ, главный детский нейрохирург Приморского края кандидат медицинских наук, нейрохирург высшей категории. https://www.dvfu.ru/med/about-clinics/?clear_cache=Y

Родился в 1971 г. в г. Тойтепа, Узбекистан, Ташкентская область. Там же окончил среднюю школу с золотой медалью, затем поступил в Среднеазиатский медицинский педиатрический институт в г. Ташкенте. После третьего курса переехал во Владивосток, в 1994 г. окончил педиатрический факультет ВГМИ.

Работал в разных медучреждениях г. Владивостока, последнее место — заведующий отделением нейрохирургии, ортопедии и травматологии ГБУЗ «Краевой клинический центр специализированных видов медицинской помощи».

В 2005 г. защитил кандидатскую диссертацию «Ранняя диагностика, консервативное и малоинвазивное хирургическое лечение гидроцефалии у детей». Неоднократно стажировался и проходил курсы повышения квалификации в Корее, США, Великобритании, Германии, Австрии, Чехии, Японии. Свободно владеет английским и корейским языками.

◎ Цой Эдуард Евгеньевич

Депутат Законодательного Собрания Приморского края в 2016 г.

Родился 24 мая 1963 года в г. Партизанск Приморского края.

Закончил в 2007 г. Федеральное государственное образовательное учреждение высшего профессионального образования "Дальневосточный государственный технический рыбохозяйственный университет".

1982-1990 год работал в сфере технического обслуживания транспортных средств. С 1990-2001 год возглавлял частные компании. С 2001 года по настоящее время является генеральным директором ООО Национальное ительменское общество "АЛЫК". 684111, КАМЧАТСКИЙ край, УСТЬ-

БОЛЬШЕРЕЦКИЙ район, с. ЗАПОРОЖЬЕ, ул. ЦЕНТРАЛЬНАЯ, д. 40, кв. 23

Виды деятельности: Переработка и консервирование рыбо- и морепродуктов;

Розничная торговля консервами из рыбы и морепродуктов. Прочая оптовая торговля. Другие компании данного руководителя:

ООО "ДЕЛЬТА-СЕРВИС" ОБЩЕСТВО С ОГРАНИЧЕННОЙ ОТВЕТСТВЕННОСТЬЮ "ДЕЛЬТА-СЕРВИС"

690003, г. ВЛАДИВОСТОК, ул. НИЖНЕПОРТОВАЯ, д. 3 Сдача внаем собственного недвижимого имущества.

ООО "РИКА-СЕРВИС" 115054, г. МОСКВА, пер. СТРОЧЕНОВСКИЙ Б., 7

Оптовая торговля непродовольственными потребительскими товарами.

С сентября 2015 года являлся депутатом Думы Ханкайского района Приморского края. Заместитель председателя комитета Законодательного Собрания по продовольственной политике и природопользованию.

Семейное положение: имеет пятерых детей (две дочери, три сына).

◎ Памятные места г. Уссурийска

Дом Чхве Джэхёна. Дом, в котором жила семья Петра Семеновича Цой.

Памятная доска была открыта 2 ноября 2010 г. (г. Уссурийск, ул. Володарского 38).

Для справки

После окончания русско-японской войны 1904-1905 гг. на территории Дальнего Востока был создан корейский антияпонский центр, оказывавший влияние на ход освободительной борь¬бы корейского народа против японских захватчиков.

В 1908 г. в Никольск-Уссурийском Ли Ючхоном, Ли Бомъюном, Эм Энсоном (Ом Инсобом), Ан Тхэкином и его братом Ан Джунгыном было организовано местное отделение корейского общества. В январе 1917 г. в Никольск-Уссурийском создается «Всероссийское обще¬ство корейцев», объединившее в своих рядах как русскоподданных, так и зарубежных корейцев. Это общество оказывало огром¬ное влияние на политические настроения корейцев. 7 ноября 1918 г. вышел пер¬вый номер газеты «Голос учащихся», которую издавала литератур¬ная секция кружка учащихся-корейцев г. Никольск-Уссурийского. Номер открывался статьей-призывом: «Молодое поколение Кореи! Отныне напрягите все свои усилия, удвойте от природы вам дан¬ные способности и мощь, образуйте себя и восстановите вашу не¬зависимость и свободу! Эти горящие в сердце каждого истинного корейца слова мы поставили одной из целей нашего издания».

Несмотря на разногласия в антияпонском освободительном движении, корейские патриоты пытались использовать сложившу¬юся политическую обстановку для достижения своей цели — не¬зависимости Кореи. В 1919 г. делегатом на Парижскую мирную конференцию был избран один из руководителей антияпонского движения Приморской области Петр Семенович Цой (Чхве Джэхён).

17 марта 1919 г. Всекорейский национальный совет в Никольск-Уссурийском принял Декларацию независимости Кореи. В тот же день по призыву Совета в Никольске состоялась большая антияпонская демонстрация, в которой приняли участие несколько сот корейских граждан. 4-5 апреля 1920 г. японцы нарушили мирное соглашение в Приморье и устроили провокационное выступление повсюду, где стояли их гарнизоны. Они напали на расположения партизанских частей и военно-революционных сил. С особой жестокостью они расправлялись с корейскими партизанами. Японцы рассчитывали жестокостью принудить корейцев отказаться от участия в активной вооруженной борьбе. Однако после событий 1920 г. активность корейских партизан только усилилась. Это основные вехи участия корейцев Никольск-Уссурийского в гражданской во¬йне и национально-освободительном движении. Одной из ключевых фигур этих событий, несомненно, был Петр Семенович Цой.

http://koryo-saram.ru/chhve-dzhehyon-zhil-zdes/

Russian Koreans - Корейцы СНГ - 고려사람https://vk.com/wall-34822693_17939

18 января 2016

Увидели вот такое объявление от Н.П. Кима из национально-культурной автономии корейцев Приморского края. Мы не общественная организация и никоим образом не официальные лица, однако считаем, что подобные вопросы в интересах каждого сознательного, думающего корейца, живущего в России и странах СНГ. Просим оказать посильную поддержку тех, кто в наше сложное время имеет возможность оказать финансовую помощь действительно важному делу.

Обращение

"Руководителям общественных организаций корейцев России и СНГ."

Уважаемые руководители корейских общественных организаций!
К вам обращается национально-культурная автономия корейцев Приморского края, которая находится в г. Уссурийске.
Многие российские корейцы знают о деятельности нашей организации, которая ведет работу в следующих направлениях: историческом,

возрождении национальных традиций и образовании. Приморский край – это земля, с которой начиналась история российских корейцев, земля, на которую впервые ступили наши отцы и деды.

Наша организация прилагает всевозможные усилия для того, чтобы восстановить исторические факты и события, связанные с историей российских корейцев.

В нашем городе сохранился дом, где в последние годы проживал лидер корейцев, известный общественный и политический деятель – Чхве Дже Хен (Цой Петр Семенович), который внес неоценимый вклад в жизнь российских корейцев, возглавил антияпонское движение в Приморье.

Приморские корейцы мечтали приобрести этот дом и долгие годы вели работу в этом направлении. На подтверждение исторических фактов и получение разрешения ушло более 10 лет.

В 2015 году национально-культурной автономии корейцев г. Уссурийска удалось приобрести этот дом, где планируется создание дома-музея Чхве Дже Хёна.

Однако, для реконструкции дома нужны денежные средства.

Мы обращаемся ко всем корейцам России и СНГ поддержать наш проект и оказать посильную финансовую помощь.

В настоящее время корейцы Приморья уже приступили к сбору денег. НКА корейцев г. Уссурийска создала фонд дома-музея им. Чхве Дже Хёна.

Уважаемые соотечественники, мы очень надеемся на вашу помощь, потому что, несмотря на огромные расстояния, есть вещи, которые всех связывают всех нас и которые никогда от нас не уйдут – это общая история и память о наших предках.

Мы должны быть как никогда едины, чтобы не прерывалась связь поколений, чтобы наши дети, так же как и мы, знали и уважали свою историю.

Спасибо.

С уважением,
Председатель ОО НКА корейцев Приморского края
Ким Николай Петрович
Реквизиты: ОО НКА корейцев г. Уссурийска

692503, Приморский край, г. Уссурийск,

ул. Амурская,63, тел./факс. (4234) 33-37-47

e-mail: sinmoon@mail.ru

р/с 40703810100229000014

ПАО «Дальневосточный банк» г. Владивосток

БИК 040507705

к/с 30101810900000000705,

ИНН: 2511031718

КПП: 251101001

ОГРН: 1042500000190

Основание платежа: пожертвование Фонду Дома-музея им. Чхве Дже Хёна"

◎ Биография Чхве Дже Хёна
(Цоя Петра Семеновича, 1860-1920)

15 августа 1860 г.—Родился в Кенвоне провинции Хамгенбук (Корея), в семье Цой Хын Пека. Второй сын в семье.

1869 — Вместе с отцом и старшим братом перебирается в деревню Тизинхе Приморского края.

1871 — Побег из дома, становится юнгой на русском торговом судне, стоявшем на якоре в Посьете. Получает русское имя Петр Семенович, в честь капитана корабля.

1871-77 — Работает 6 лет юнгой на русском торговом корабле, изучает русский язык и литературу с помощью супруги капитана. Дважды совершает поездки по маршруту Владивосток-Петербург, знакомится с достижениями мировой культуры.

1878 — Работа в торговой компании во Владивостоке (в течении 3 лет)

1881 — Переезд в Янчихе, воссоединение с семьей.

1882 — Переводчик ведомства по строительству железной дороги Раздольное — Красное Село. Первый брак (1 сын и 2 дочери). Во время 4-х родов жена умирает вместе с ребёнком.

1886 — Выделяет стипендии для корейцев, отправляет их на учёбу в Петербург и другие крупные города России.

1888 — Получает серебряную медаль «За проявленное рвение и трудолюбие в строительстве дорог».

1891 — Открывает Николаевскую начальную школу в Янчихе.

1893 — Становится первым корейцем-волостным старшиной и удостаивается 2-ой серебряной медали.

1894 — Участвует в 1-ом Всероссийском собрании волостных старшин в Петербурге.

1896 — Присутствует на коронации царя Николая в Петербурге и Москве.

1897 — Вступает во 2-ой брак, с Ким Еленой Петровной (3 сына и 5 дочерей).

1899 — Николаевская начальная школа в Янчихе получает бронзовую медаль на выставке в Хабаровске в категории «образование».

1902 — Организация антияпонского движения среди российских корейцев.

1904 — Удостаивается высшей награды русского правительства — золотой медали.

1905 — Поездка в Японию (6 месяцев), с целью получения информации о японской политике на корейском полуострове. Переезд в Новокиевск.

1906 — Создание первого корейского партизанского отряда.

1908 — Создает общество корейцев и становится его председателем.

1910 — Переезд в Славянку.

1911 — Угроза выселения из Приамурского Края вследствие японских интриг. Уход в отставку с должности волостного старшины. Создание в июне этого года «Общества развития труда».

1913 — Назначается председателем «Общества развития труда» на специальном всеобщем собрании. Участие в делегации из 7 корейских представителей на праздновании по случаю 300-летия Дома Романовых.

1914 — Деятельность в качестве председателя «Общества развития труда» и председателя организационного комитета по проведению мероприятий по случаю 50-летия со дня переезда корейцев в Россию.

1915 — Создание фонда помощи русским военным во время 1-ой мировой войны.

1916 — Арест русскими военными в Славянке, перевод в Никольск-Уссурийск, освобождение от ареста.

1917 — После февральской революции назначается председателем Янчихинского волостного исполкома.

1918 — Переезд в Никольск-Уссурийск, назначение главным земским старшиной и председателем ревизионной комиссии.

1919 — Избирается национальным представителем на Парижскую мирную конференцию в январе-феврале. Назначается министром иностранных дел в Корейском Народном Собрании в марте. Избирается министром финансов во Временном Корейском Правительстве, созданном в апреле в Шанхае.

1920 — Арест японцами (5 апреля). 7 апреля убит вместе с Ким И-Чиком, Ом Чу-Пилем и Хван Кён-Собом.

http://koryo-saram.ru/obrashhenie-obshhestvennoj-orga..

А о Чхве Дже Хёне, ярком лидере первого поколения российских корейцев, проявившем себя как лидер, патриот и гражданин в мирное и в суровое военное время, мы делали несколько постов:

http://vk.com/wall-34822693_13360

http://vk.com/wall-34822693_13362

http://vk.com/wall-34822693_13363-фильм южнокорейского канала KBS, посвященный Петру Семеновичу.

Публикации в СМИ о смешанных семьях

Марина Юн о браке: Внешняя схожесть – это последнее, на что стоит обращать внимание. Об особенностях межнационального брака накануне Международного Дня семьи – в материале ИА UssurMedia.

Уссурийск, 15 мая, 2016. UssurMedia.

Про семью Юн в Уссурийске ходит много разговоров. Помимо того, что Марина – известный в городе дизайнер, также она – армянка по происхождению и жена корейца. В

Международный День семьи, который отмечается 15 мая, о своем видении семейной жизни и на что стоит обращать внимание девушкам, когда они встречают мужчину другой национальности, Марина Юн рассказала корр. ИА UssurMedia.

Q. Марина, когда-нибудь вы думали о том, что выйдите замуж за человека не своей национальности, что по этому поводу считали родители?

A. Все родители, наверное, хотят, чтобы дети выбрали себе спутника жизни своей национальности. Мои родители – не исключение. Да и я сама раньше почему-то думала, что замуж могу выйти за кого угодно, только не за корейца. Причем, сама не знаю, почему так считала!

Q. То есть, у вас не было жесткого выбора: замуж нужно выходить за человека своей национальности и точка?

A. В Приморском крае проживает много людей разных культур, в том числе и корейцев. В детстве у меня были друзья среди них, в школе я училась вместе с корейцами. Но я никогда не думала, что выйду замуж за представителя этой национальности, хотя не исключала, что в окружении множества наций, возможно, встречу кого-то... А когда это произошло, и чувства оказались сильными, неготовыми к такому повороту событий были родители. Они, когда узнали о моем выборе, решили, что это не серьезно и со временем пройдет, пытались меня отговорить, но ничего кардинального не делали. Хотя и намекали, что нужно бы познакомиться с парнем своей национальности. Но я сделала так, как хочу.

Q. А как вы познакомились?

A. С Павлом мы познакомились давно, 8 лет назад. У нас был общий знакомый, тоже армянин как я. Мой будущий муж попросил нас познакомить, но тот его отговорил, сказав: даже и не думай, девушка из строгой семьи, тебе ничего не светит. Видимо, эти слова его задели, нашел меня через социальные сети. И как бы банально это ни звучало, мы начали переписываться. А потом и встречаться.

Q. У вас разная культура, образ жизни⋯ Сложно принимать ее?

A. Удивительным для меня было то, что в армянской и корейской культуре очень много схожих обычаев, равный менталитет. Заметив это, я решила, что во всем «виновато» схожее воспитание, которое идет из семьи. Но нет, все семьи разные, но представление о жизни, о правде и лжи, о хорошем и плохом, уважение к старшим, к женщинам – одинаковое. У нас с мужем ценности одни и те же.

Q. В вашей семье принято отмечать национальные праздники?

A. Честно говоря, муж не любитель национальных праздников, и мы их не отмечаем. Единственное, Чусок (праздник урожая) совпадает с родительским днем, и мы, естественное, едем на кладбище, вспоминаем всех ушедших. Первый день рождения сына отмечали по корейским обычаям на широкую ногу. У армян так не принято год ребенку справлять. А остальные какие-то национальные даты не празднуем.

Q. А как родители мужа относятся? Не считают, мол, она же другой национальности, какой с нее спрос?

A. Родители мужа никогда не давали повода почувствовать себя «плохой невесткой», наоборот, очень часто слышу от них похвалу, ставят в пример другим корейским невесткам, что я что-то делаю лучше, и мне это очень приятно.

Q. Какую кухню – корейскую или армянскую – предпочитают в вашей семье?

A. На столе у нас чаще корейская кухня. В этом плане у

меня муж любитель привычного, своего родного. Поэтому что-то выдумывать, новшества вводить не пытаюсь, что-то пробовала – не любит, да и мне нравится, честно говоря, их еда. Готовить корейские блюда научилась постепенно, что-то сразу начала делать, что-то попозже. До сих пор бывает, что новое для себя и привычное для мужа приготовлю, что еще не пробовали, можно сказать, учусь. Иногда у нас бывают и блюда русской кухни, и армянской.

Q. Кто в семье должен быть главным?
A. Главный муж, конечно.

Q. А чем вы занимаетесь?
A. Я по образованию дизайнер интерьеров, но любила всегда с одеждой возиться, шить, давно сама себе шью и сейчас пошла учиться на курсы, заканчиваю, смогу не только себе шить, а вообще всем. У нас двое детей сын Артур и дочь Кира.

Q. Детей учите национальным языкам?
A. Языки, конечно, должны знать. Сынок разговаривает на русском языке, понимает, что говорю я на армянском, что ему говорят на корейском папины родственники и папа. Получается, на трех языках

говорит.

Q. Как вы думаете, на что стоит обратить внимание женщинам, которые собираются связать свою жизнь с мужчиной другой национальности?

A. Это настолько индивидуально, что нельзя обобщить и сказать: так нельзя делать, а так можно. Я давно поняла, что не существует национальной границы, главное, чтобы человек был «твой», чтобы совпал характер, воспитание, менталитет. А внешняя схожесть – это дело десятое, самое последнее, о чем можно подумать.

Q. Какие секреты счастливой семейной жизни можете назвать?

A. На счет секрета семейных отношений не знаю – надо у пар спрашивать, которые всю жизнь прожили вместе. А я думаю, что главное – это уважение друг к другу, про любовь не говорю – это само собой разумеющееся, без этого никак!

Часть 2

Формирование идентичности российских корейцев Приморского и Хабаровского краёв

: исторический опыт и современное состояние

Введение

Основной целью этого исследования является анализ роли российских корейцев, проживающих в южной части Дальневосточного федерального округа, в формировании пан-корейской идентичности в Северо-Восточной Азии. Выбор этого региона обусловлен целым рядом факторов, в том числе историческими, демографическими и международными.

Для достижения этой цели в работе используются положения, которые предлагаются представителями конструктивистского направления о роли идентичности и транснациональных сообществ в процессе международного сотрудничества и мирного развития. В теории конструктивизма этничность и идентичность являются прерогативой сознания индивида или коллектива конкретной этнической общности. Основные категории этнических характеристик не присутствуют столь явно, как в классическом определении теории этноса, а лишь присутствуют в виде смутных представлений и признаков.

Исследование предполагает изучение траектории формирования и развития корейской диаспоры в контексте анализа современных проблем отношений между двумя корейскими государствами. В этом процессе особая роль принадлежит российским корейцам, которые достигли определенного положения в современном обществе благодаря упорному труду в экономической сфере, участию в политической жизни и культурно-просветительской деятельности в Приморском и Хабаровском краях, где их численность позволяет изучать их деятельность. Следует отметить, что основную роль в этом процессе играют общественные организации российских корейцев, которые являются активными участниками общественных процессов и народной дипломатии на региональном уровне.

Актуальность темы данного исследования заключается в анализе этнокультурных возможностей и потенциала корейской диаспоры на российском Дальнем Востоке и выяснения степени прочности их этнической идентификации, а также определения степени изменений в нетрадиционных для них условиях в сторону этнической индифферентности.

Источниковую базу исследования составляют

административно-правовые документы, статистические и архивные материалы, материалы авторских интервью и анкетирования, а также публикации в средствах массовой информации. Стоит отметить публикации документов и материалов Российского государственного исторического архива Дальнего Востока, изданные при поддержке Корейского фонда.[1] Первая книга содержит документы, которые характеризуют предпосылки и политику русской администрации по урегулированию процесса корейской иммиграции в Приамурский край в период с сентября 1864 по март 1917 гг. Вторая книга посвящена истории жизни корейской диаспоры в сложный период революционных преобразований с 1917 по 1923 гг.

Из статистических материалов были использованы материалы переписи населения. Например, согласно Переписи населения РФ 2010 г., из общего числа 153 156 российских корейцев в Дальневосточном федеральном округе проживало 56 973 человек. В Сахалинской области – 24 993 человека, в Приморском крае – 18 824, в Хабаровском крае – 8 015 человек, в Амурской области – 1 756, в Якутии – 1 421, в Камчатском крае – 1 401, в Магаданской области 183, в

---

[1] Корейцы на российском Дальнем Востоке (вт. пол. XIX – нач. XX вв.). Документы и материалы. Владивосток: Изд-во Дальневост. ун-та, 2001. – 380 с. Корейцы на российском Дальнем Востоке (1917-1923 гг.). Документы и материалы. Владивосток: Изд-во Дальневост. ун-та, 2004. – 320 с.

Еврейской автономной области 352, на Чукотке – 28 человек[2)]

Разумеется, данные показатели изменились за прошедшие годы, но в целом важна тенденция концентрации этнических корейцев в Сахалинской области, Приморском и Хабаровском краях.

По данной тематике имеется обширная и разнообразная литература на русском языке. Отдельное место занимают исследования, посвященные положению и деятельности корейцев - «корё сарам» в основном в Узбекистане и Казахстане.[3)]

Следует выделить научные публикации, посвященные изучению идентификации этнических корейцев в российских регионах.[4)]

---

2) Всероссийская перепись населения 2010. Том 1. Численность и размещение населения. // Федеральная служба государственной статистики: официальный сайт. http://www.gks.ru/free_doc/new_site/perepis2010/croc/perepis_itogi1612.htm

3) Ким Г.Н., Мен Д.В. История и культура корейцев Казахстана. Алмааты:Гылым, 1995; Ким Г.Н. Коре сарам: историография и библиография. Алматы: Казак университети, 2000; Хан В.С. К вопросу об этнокультурной идентичности корейцев Узбекистана (по данным социологического исследования)// История, культура и быт корейцев Казахстана, Кыргызстана и Узбекистана. -Бишкек, 2003; Хан В.С. Коре Сарам: кто мы? (Очерки истории корейцев). Изд. 3-е, перераб. Бишкек, ИЦ АРХИ, 2009, Хан В.С. Как излагаются история и судьбы корё сарам в публикациях корейцев СНГ? // 1937 год: русскоязычные корейцы — прошлое, настоящее и будущее. М., «Аквариус», 2018. С. 55-69.

4) Бугай Николай. Российские корейцы: перемены, приоритеты, перспектива. М., 2014, Волкова Т.В. Российские корейцы. К вопросу о самоидентификации // Этнографическое обозрение. 2004. № 4. С. 27-42; З. Забровская, Л. В. Российские корейцы и их связи с родиной предков (1990—2003 гг.) // Проблемы Дальнего Востока. - 2003. - № 5. Ким Е. В. Российские корейцы: грани этнической идентичности //

Большую по количеству работ группу составляют публикации, посвященные различным аспектам деятельности этнических корейцев на российском Дальнем Востоке – от истории до современности. В данном исследовании были использованы только основные работы.[5]

Можно выделить публикации по этнической идентичности корейской диаспоры и трансграничных миграций.[6] Внимание исследователей уделяется процессу сохранения культуры в Приморском крае, созданию благоприятных условий существования на территории России при поддержке на местном и федеральном уровнях.

В процессе изучения данной тематики можно утверждать,

Азия и Африка сегодня. – 2013. – Вып. 2. – С. 52-56. Ли Н.А. Условия и барьеры социокультурной интеграции корейской субобщности на Юге России. // Теория и практика общественного развития. 2013, № 9, с. 39-42.

5) Дин Ю. И. Корейская диаспора Сахалина: проблема репатриации и интеграция в советское и российское общество. Южно-Сахалинск: ОАО Сахалинская областная типография, 2015 – 332 с.; Пак Б. Д. Корейцы в Российской империи. Иркутск, 1994; Петров А.И. Корейская диаспора на Дальнем Востоке России. 60-90е годы XIX века. Владивосток, 2000, Петров А.И. Корейская диаспора в России. 1897-1917 гг. Владивосток, 2001.; «Корейская деревня» в Приморье: один из проектов «национального возрождения». // Этнографическое обозрение, 2008, № 4. С. 37-44; Глава 15. Региональная политика и трансграничные миграции в Приморском крае. С. 391- 436. // Россия двухтысячных: Стереоскопический взгляд. Под ред. Генри Хейла и Ивана Куриллы. М.: Планета, 2011. 512 с.

6) Ким А. С. Транснациональность корейской диаспоры в Дальневосточном регионе. // Пространственная экономика. – 2006. – Вып. 4. – С. 123-133. Киреев А.А. Корейцы на российском Дальнем Востоке: диаспора или субнациональная общность? // Известия Восточного института. 2012, № 1. С. 57-69; 17, Православие и корейцы: сборник статей. /Авт.-сост. В. Пак, Г. Ким, В. Чен. Владивосток, 2017.

что большая часть корейцев Приморья и Хабаровского края, терминологически объединенных в группу «российские корейцы», могут быть выделены среди других этнических групп, число которых больше сотни в зависимости от критериев.

В Приморье последовательно претворяется в жизнь концепция многонационального сообщества. Например, согласно Федеральному закону от 17.06.1996 г. № 74-ФЗ «О национально-культурной автономии», при районных администрациях работают консультативные советы по делам национально-культурных автономий. В Михайловском муниципальном районе в его состав входит корейцы: Ан Марина Вячеславовна и Ким Нина Владимировна от Сунятсенского сельского поселения, Кан Елена Геннадьевна и Серая Людмила Григорьевна от Осиновского сельского поселения и Огай Георгий Владимирович от Кремовского сельского поселения.[7] При этом, другие национальности представлены в Совете по одному-два человека, в том числе азербайджанец, армянка, два белоруса, грузин, курд, молдаванка, осетин, румын, татарка, удэгейка, две украинки, ульча. Этот список является красноречивым примером разнообразия этнического состава Приморского края.

---

7) Администрация Михайловского муниципального района. //www. mikhprim.ru/attachments/article/.../№%20315па%20от%2025.04.2016%20 г..doc

В 2003 г. было создано региональное отделение всероссийской общественной организации "Ассамблея народов России", которая на федеральном уровне признана главным институтом для реализации государственной национальной политики. В рамках этой организации происходит диалог между органами государственной власти и национальными общностями при решении актуальных проблем национальной жизни и межнационального общения на основе укрепления дружбы народов, проживающих в Приморье.

"Ассамблея народов Приморья" способствует воспитанию в обществе национальной и религиозной терпимости, сохранению и взаимопроникновению самобытных культур 158 национальностей, проживающих сегодня в Приморском крае[8] Для сохранения самобытной культуры, традиций проводятся такие мероприятия по популяризации культур, как Конгресс народов Приморья, «Маршруты дружбы», фестивали и праздники национальных культур. При Администрации края действует Совет по межнациональным отношениям под председательством Губернатора.

В 2009 г. Валентин Пак, глава Ассоциации корейских организаций Приморского края (АКОРП) учредил первую в

---

8) Официальный сайт Администрации Приморского края и органов исполнительной власти Приморского края //http://primorsky.ru/news/122477/

регионе межнациональную газету Приморья "Утро Востока", в центре внимания которой – сохранение межнациональной гармонии, укрепление единства российского народа[9] Российские корейцы сосуществуют с другими этническими группами и адаптируются в региональных, национальных условиях, претерпевая изменения собственной культуры.

Источниковую и эмпирическую базу исследования составили данные сбора анализа фактологических данных методом включенного наблюдения, устного интервью о миграции и адаптации этнических корейцев в российском этнокультурном пространстве и анализ опроса и бесед с этническими корейцами в Приморском крае. Использовались и некоторые статистические данные, имеющиеся по корейской диаспоре в средствах массовой информации Приморского и Хабаровского краёв.

Работа состоит из нескольких разделов. В первом даётся краткий обзор теоретических положений и дискуссий конструктивистский традиций интерпретации понятий транснациональной идентичности. Затем следует описание истории и современного состояния корейской диаспоры на российском Дальнем Востоке, в частности в Приморском и Хабаровском краях. Особое место занимает анализ элементов корейского транснационализма, присутствующего

---

9) Сайт газеты: www. ytro-vostoka.ru

в политических, деловых и культурных контактах, который развивается за счет участия корейской диаспоры на российском Дальнем Востоке.

В заключении предлагаются выводы и рекомендации в осуществлении народной дипломатии и сотрудничества в Северо-Восточной Азии с участием российских корейцев в конструировании региональной идентичности, ведущей к достижению мира и сотрудничества в регионе.

Глава 1

Транснациональное общество : конструктивисткий подход к определению идентичности

Коллективная идентичность является обязательной составляющей социально-политического аспекта интеграции. Наиболее подробно в теории международных отношений взаимосвязь между транснациональной идентичностью и международным сотрудничеством исследуется в рамках конструктивизма. Начнем с вопроса: как можно определить транснациональное сообщество? Термин транснационализма предполагает перенос аналитического фокуса с суверенного государства с его функциями контроля над территорией и его гражданами к совершенно другой модальности, которая не всегда относится к территории или эксклюзивности.[1]

---

1) Roseanau, James. Governance without Government: Order and Change in

Эта возможность правления за пределами государственной территории, которая подразумевает транснационализм с его негосударственным актором в виде общественных организаций, эпистемиологических сообществах, деловых связей, диаспорах, различных объединениях, предполагает наличие разнообразных транснациональных сообществах, которые не обязательно связаны определенной территориальностью. Согласно известному определению транснациональные сети являются открытыми формами неформальных объединений.[2]

Можно также привести определение транснационального сообщества как лишенной территориальной формы организации, состоящей из разных акторов, например, отдельных личностей, групп людей, ассоциаций, общественных организаций и других объединений, которые обладают общей идентичностью – этнической, культурной и политической и объединенной общей целью и даже определенной системой целей. А общие нормы, которые соблюдаются такими национальными или транснациональными сообществами, определяют их интересы в похожих терминах, которые смягчают

World Politics. Cambridge University Press, 2003.

2) Keck, Margaret and Kathryn Sikkink. Activists Beyond Borders. Advocacy Networks in International Politics. Cornell University Press, 1998.

возможности возникновения конфликта интересов.[3]

В контексте транснационализма важно определить понятие диаспоры. Это определение имеет долгую историю, начавшуюся с опыта еврейской диаспоры, а транснационализм относится к новым явлениям. Этот термин используется конструктивистами, которые вкладывают другое значение. Например, В.А. Тишков полагает, что диаспора – это скорее «стиль жизненного поведения, а не жесткая демографическая или тем более этническая реальность» и в изучении диаспор основным становится вопрос политического выбора группы и вопрос межгосударственных стратегий.[4]

Важным критерием диаспоры являются социальные институты, работающие в сфере сохранения национальной самобытности. И в данной работе основное внимание уделяется именно этой группе институтов в виде общественных организаций. Важным при изучении диаспор представляется предложение Р. Брубекера о том, что гораздо полезнее говорить о диаспорах в категориях проектов, практик и поэтому изучать диаспору необходимо через практики и проекты, которые позволяют описывать процесс ее формирования в контексте взаимодействия со страной пребывания, соотечественниками и мировым

---

3) Wendt, Alexander. Social Theory of International Politics. Cambridge and New York: Cambridge University Press, 1999.

4) Тишков В.А. Реквием по этносу: исследования по социально-культурной антропологии. – М.: Наука, 2003. С. 446, 486.

сообществом.[5]

Сторонники социологического подхода к определению диаспоры выделяют ряд важных её функций: «Наиболее распространенной функцией диаспоры является их активное участие в поддержании, развитии и укреплении духовной культуры своего народа, в культивировании национальных традиций и обычаев, в поддержании культурных связей со своей исторической Родиной».[6]

В данной работе диаспора рассматривается как динамичное явление в тесной связи с политическими процессами транснационального уровня между страной происхождения и страной проживания. Деятельность диаспоры связана с организационным обозначением её функционирования, например, национально-культурная автономия. Иначе говоря, любая группа конкретной национальности не может считаться диаспорой, если у них нет внутреннего импульса и потребности к самостоятельности. Анализ связей диаспоры с исторической родиной имеет большое значение для страны исхода, для самой диаспоры и для принимающих ее стран, например, в области внешней торговли и других экономических связей между ними.

Интерпретации конструктивизма при определении пан-

---

[5] Brubaker R. The 'diaspora' diaspora // Ethnic and racial studies. – 2005. – Vol. 28. – No. 1. – P. 13.

[6] Тощенко Ж. Т., Чаптыкова Т.И. Диаспора как объект социологического исследования. // Социологические исследования. 1996. № 12. с. 38.

корейской идентичности могут включать кроме этнической и языковой общности ещё и общие гражданские нормы, и ценности. Важным является вопрос о передаче таких норм горизонтально – через границы и вертикально – через поколения.

Для пан-корейской идентичности важным элементом является опыт и воспоминания этнических корейцев о депортации 1937 года. Конструктивизм предполагает анализ не только результатов изменения – практик, но и процессов, также дискурсов, которые сопровождают социальные и культурные практики, позволяющие определить самоидентификацию и отличия от других групп.[7] Другими словами, ключевым признаком существования сообщества, в нашем случае – транснационального сообщества, может стать признание участниками определенной группы принадлежности к единому пусть и воображаемому сообществу.

Таким образом, транснациональное сообщество с участием корейцев из Республики Корея, КНДР, российского Дальнего Востока должно характеризоваться следующими признаками: во-первых, регулярным общением на разных уровнях, во-вторых, наличием общих норм и правил,

---

7) Hopf, Ted. "Making It Count: Constructivism, Identity, and IR Theory" in T. Hopf and B. Allan eds., Making Identity Count: Building a National Identity Database. Oxford, UK: Oxford University Press, 2016.

выходящих за пределы этничности, языка и религии, в-третьих, признанием принадлежности к такому сообществу, в-четвертых, общим видением определенного будущего.

Для начала важно ответить на вопрос о том, являются общая этническая идентичность, общая древняя история, единый язык такими сильными факторами, которые могут объединять носителей этих характеристик для формирования трансграничной и транснациональной общности, которая отличается от других групп, ведущих разнообразную деятельность в определенном пространстве.

Современные исследования российских этнологов, а также зарубежных социальных и культурных антропологов, актуализируют проблемы этничности и этнической идентичности в понятийном и терминологическом аппарате которых, особую популярность приобретают термины «этнос», «этничность», «этническая идентификация», «индифферентность» и др. Необходимо при этом отметить, что некоторые исследователи феномена этноса и его этничности придерживаются конкретной теории или концепции трактования этих терминов, объясняя тот или иной предмет своего исследования.

Кардинальные экономические и социальные изменения в жизнедеятельности корейской диаспоры в России привели к трансформации этнической идентичности российских корейцев, однако некоторые моменты консолидации на основе общего этнического происхождения до сих пор присутствуют и степень её зависит от целого ряда факторов. Жизнедеятельность корейской диаспоры протекала в поликультурных и поликонфессиональных условиях российского сообщества, резко отличающихся от условий этого процесса, происходящего в основном материнском этносе.

В данном случае анализ деятельности корейцев, проживающих в пространстве Северо-Восточной Азии, но разделенных в силу наличия государств – Республике Корея, КНДР и региона – Дальневосточного федерального округа Российской Федерации и в частности Приморского края, представляет собой для исследователей уникальную возможность для изучения степени влияния корейской диаспоры в формировании пан-корейской идентичности в регионе.

Важной задачей является изучение потенциальной роли общей корейской идентичности в условиях существующий границ в процессе достижения мира и стабильности в этом весьма неустойчивом регионе мира, в связи с возрастанием опасности глобального ядерного конфликта в последние несколько лет. Стоит отметить, что тактические внешнеполитические цели региональных акторов – Республики Кореи, КНДР и России, которые определяются различными уровнями военных и экономических потенциалов, в последние несколько лет объединены в одну важную цель – поддержания мира и стабильности на Корейском полуострове.

Важно отметить что, как правило, национальную идентичность в исследованиях принято связывать с этнической идентичностью. При этом, проблемы глобализации и национальной идентичности в корейском обществе являются отличаются сложностью и многогранностью. Транснациональная идентичность в СВА помимо исторически сложившихся особенностей национальных идентичностей, имеет и негативный опыт попытки ее конструирования. В регионе на долгие годы закрепилась негативная транснациональная идентичность. Негативная идентичность препятствует реализации общих интересов, переливается в международные нормы, позволяющие националистические выпады в отношении друг друга, тормозит создание региональных институтов, т.е. в целом закрепляет культуру рационального взаимодействия эгоистов, баланса сил, культурного, экономического и политического соперничества. С учетом того, что декларируемой целью является региональная интеграция, необходимо выявить и оценить возможности создания позитивной транснациональной идентичности в Северо-Восточной Азии. Разумеется, что различия в уровнях человеческого развития и качества жизни не являются факторами, способствующими развитию взаимопонимания и чувства общей судьбы в регионе. Базовые культурные ценности, хотя и являются схожими для всех акторов, но их содержание в современных условиях сдерживает развитие транснациональной идентичности.

Разные системы политических режимов не способствуют эффективному взаимодействию в рамках многоуровневой системы международных институтов. Различные практики и образы политической культуры в Южной Корее, Северной Кореи и на российском Дальнем Востоке не исключают возможностей создания транснациональной идентичности. Сами по себе особенности ценностных ориентаций, как отмечалось в процессе анализа, не являются причиной негативного отношения тех или иных представителей друг к другу. На современном этапе проблема заключается скорее в действиях политических элит, использующих противоречия разного рода для создания «разрывов идентичности».

Народная дипломатия фокусируется на усилении экономического и культурного сотрудничества двух корейских государств и корейской диаспоры в приграничных районах Китайской Народной Республики и России. Хотя цели этих странах имеют отличия, например, для Северной Кореи важно сохранение существующего режима в стране, для Южной Кореи целью является объединение и создание единого корейского государства, а для России – постепенная денуклеаризация на Корейском полуострове. Однако все цели могут быть объединены в процессе развития и усиления экономической интеграции в Северо-Восточной Азии и формирования транснационального пространства.

Этническая идентичность современных корейцев, проживающих в различных регионах России, может изменяться и дополняться в зависимости от региональных особенностей и в процессе взаимодействия с другими проживающими рядом этническими группами. Как пишет Бенедикт Андерсон, подобные концепции могут постоянно изменяться в зависимости от ситуации.[8]

Таким образом, с точки зрения конструктивизма, этническая идентичность современных российских корейцев подвергается постоянному процессу аккультурации, причем в различной форме. Считается, что некоторые группы корейцев в разных территориях с различной социальной и культурной ситуацией, могут иметь достаточно разную этническую идентичность. Исследование этнической идентичности современных корейцев в Сахалинской области объясняет, почему различные группы этнических корейцев могут иметь дифференцированную этническую

---

8) Anderson, Benedict. Imagined Communities. Reflections on the Origins and Spread of Nationalism. London: Verso Books, 1983.

идентичность. Существуют альтернативные пути существования и развития идентичности сахалинских корейцев, появившихся в последние десятилетия в связи с возможностью переезда в Южную Корею. Общество, осознавая эффективность коллективных действий, демонстрирует то, что коллектив имеет наибольшую силу и таким коллективом выступает определенная этническая группа.

С точки зрения конструктивистского подхода этничность является новой социальной конструкцией и не имеет культурных корней. Приверженцы инструменталистского подхода, как и конструктивисты, считают этносы искусственными образованиями, при которых существование объективных атрибутов этнической группы отрицается. Этническая группа трактуется как общность, объединяемая интересами, а этничность как средство для достижения групповых интересов, мобилизации в политической борьбе. Каждый из трех подходов обладает определенной системой аргументов в свою пользу. Этническая группа – группа людей, для которой характерна близость языков и некоторых других особенностей культуры, родственных по происхождению и сохранившихся до наших дней.

В социальных науках употребляется понятие «национальные (этнические) меньшинства». Таковыми называются группы людей какой-либо социально-этнической общности, проживающие за пределами своей государственности в инонациональной среде и составляющие, как правило, меньшинство населения в странах своего проживания. Национальные меньшинства характеризуются сохранением национального (этнического) самосознания, культуры, быта, традиций, языка основной части этнической общности. В последние годы применительно к государствам, возникшим на пространстве бывшего СССР, употребляется термин «русскоязычное население». Это собирательное название людей русской и любой другой этнической принадлежности, пользующихся преимущественно русским языком и обычно считающих его родным. В узком смысле — это группы людей нерусской национальности, для которых родным языком является русский язык. Термин «русскоязычное население» используется для обозначения русскоязычного населения, находящегося вне границ Российской Федерации. Он адекватен термину «национальные меньшинства».

В ходе исторического процесса имеют место различные контакты между этносами. Известны следующие последствия этих контактов: сосуществование, при котором этносы не смешиваются и не поглощают друг друга, заимствуя нововведения; ассимиляция, когда происходит поглощение с полным забвением и метисация, при которой сочетаются традиции. И наконец, слияние, при котором забываются традиции первичных компонентов, и возникает третий этнос. Можно утверждать, что для российских корейцев характерны различные последствия от сосуществования до метисации.

Обязательным и четким признаком этноса является этническое самосознание, то есть представление некоторой группы людей о себе как о народе. Этническое самосознание, самоопределение, самоидентификация народа состоит в следующем: народ считает себя общностью людей, которая отличается от других народов и иных человеческих общностей. И базовым элементом в этнической самоидентификации является общность языка, культуры и быта. Язык выделяется как ключевой фактор в определении этнической группы в разных научных концепциях. Примечательно, что для корейской диаспоры правомерна критическая точка зрения, в соответствии с которой язык не всегда служит надежным критерием этнической принадлежности. Что касается других признаков этнической общности, то можно утверждать, что корейская диаспора в Российской Федерации сформировалась как этническое сообщество.

В данной работе используются термины: «российские корейцы», «русскоязычные корейцы» и «корейская диаспора», которые предлагаются представителями конструктивистского направления о роли идентичности. В теории конструктивизма этничность и идентичность являются прерогативой сознания индивида или коллектива конкретной этнической общности. Основные категории этнических характеристик не присутствуют столь явно, как в классическом определении теории этноса, а лишь присутствуют в виде смутных представлений и признаков.

Однако при исследовании этнической идентичности конкретных этнических общностей особую роль в настоящее время приобретает не столько сочетание этнической и гражданской идентичности, сколько самоидентификационные стратегии в зависимости от региона исхода и цели пребывания. Так, корейская общность представляет собой гомогенную группу, объединенную общими и разделяемыми всеми представлениями о себе как корейцев. Иными словами, корейские общности являются группой лиц, обладающих общей этнической идентичностью. Однако исследования показали, что среди корейских общностей выделяются различные группы, с ярко выраженными маркерами регионов исхода и целей пребывания.

Системный подход позволяет определить транснациональную идентичность как фактор внешней- и внутренней среды для субъектов региональной интеграции, т.е. государств и наций, влияющий на процессы взаимодействия между субъектами, и в свою очередь, зависящий от уровня развития и интенсивности этих процессов.

Исторический подход необходим, поскольку региональная интеграция является высшей ступенью развития международного сотрудничества, которое формируется в результате исторического взаимодействия соседних стран за длительный исторический период, и то же можно сказать о формировании транснациональной идентичности; в частности, с позиций исторического подхода анализируется формирование национальных и транснациональных идентичностей в странах Северо-Восточной Азии.

Институциональный подход подчеркивает важность закрепления достигнутого уровня международных взаимоотношений с помощью региональных политических институтов.

Ценностно-нормативный подход используется в целях выявления базовых ценностей культуры, лежащих в основе мировосприятия народов Северо-Восточной Азии. Понимание своего места в мире, отношение ко времени и пространству, определение правил взаимодействия и логика причинно-следственных связей напрямую связаны с особенностями международного сотрудничества и региональной интеграции по европейскому и азиатскому типу.

В настоящее время отсутствие позитивной транснациональной идентичности в СВА постоянно порождает проблему взаимного доверия, что и препятствует региональной интеграции. До настоящего времени в международном сотрудничестве в СВА реализуется т. н. рациональная модель взаимодействия. Она основана на предпосылках индивидуализма, эгоцентризма и рационализма всех участников. Рационализм подразумевает возможность получения всей необходимой для принятия решений информации, эффективного анализа этой информации, а также исключительно разумного выбора наиболее выгодного варианта. В некоторой степени эти условия возможно соблюсти, однако по мере укрепления сотрудничества в регионе должны возникнуть и развиться поддерживающие факторы взаимодействия: доверие, коллективное сознание, понимание общих интересов. Осознание гражданами стран региона принадлежности к единому политическому, экономическому и социокультурному пространству и наличие общей цели в долгосрочной перспективе приводит к политической и экономической интеграции.

Регион Северо-Восточной Азии является перспективным интеграционным объединением. Здесь высок вровень торговой и инвестиционной взаимозависимости, ресурсная взаимодополняемость классически иллюстрирует теории международной торговли. Уровень экономического развития стран региона таков, что это позволяет говорить о формировании нового центра силы. Темпы экономического роста, устойчивость экономик в периоды региональных и мировых кризисов впечатляют.

С одной стороны, процессы глобализации приводят к взаимопроникновению культур, учащению и расширению международных обменов, общие угрозы (политические, экологические, гуманитарные) способствуют сплочению представителей народов СВА и развитию понимания общей судьбы. Транснациональная идентичность постепенно формируется «снизу-вверх» - от отдельных индивидов к неправительственным организациям.

С другой стороны, политическое давление «сверху вниз» способствует росту национализма во всех странах СВА. Политический дискурс подчеркивает разделительные линии между народами как в прошлом, так в настоящем и в будущем.

Транснациональная идентичность — новое понятие в международных отношениях, появившееся в связи с процессами интеграции в европейском регионе. Это понятие означает чувство принадлежности граждан государств одного региона к единому политическому, экономическому, социально-культурному пространству, понимание единства их прошлого, настоящего и будущего, а также видение единой цели развития региона. В основе ее формирования лежат уже существующие особенности этносов и наций, составляющих международный регион. Транснациональная идентичность может быть позитивной или негативной. Негативная идентичность неустойчива и приводит к вероятной поляризации государств региона.

Глава 2

Исторические особенности формирования идентичности российских корейцев

В этом разделе рассматриваются сюжеты, связанные с процессом заселения региона и деятельности этнических корейцев на протяжении второй половины XIX и XX вв.

После подписания Пекинского договора в 1860 г. Россия получила в основном малообжитую территорию, на которой русские были представлены в основном военными, чиновниками и ссыльнопоселенцами. Другую группу компактную группу составляли «трудовые мигранты» из соседних стран – Китая. Кореи и Японии.

Переселение корейцев в Россию и в основном их

сельскохозяйственная деятельность были связаны с социально-экономическими причинами, поиском доступных жизненных ресурсов. Последующее формирование корейской диаспоры происходило под влиянием политического фактора – репрессий и насильственного переселения этнических корейцев, в результате которой они были выделены в определенную социальную этническую группу, потерявших право на самостоятельное социокультурное развитие. В дальнейшем это способствовало преобладанию тенденции замкнутости как условия сохранения культурной самобытности и формированию корейской диаспоры с признаками разной идентичности в зависимости от места происхождения.

Иммиграционную активность стимулировали, с одной стороны, негативные условия, в частности тяжелое социально-экономическое положение, политическое и национальное угнетение в Корее. С другой стороны, - поиск новых возможностей, которые предоставлялись в России. Законодательной основой для стимулирования притока иностранцев стали «Правила для поселения русских и иностранцев в Амурской и Приморской областях Восточной Сибири», которые были утверждены в апреле 1861 г.

Корейцы начали переселяться на дальневосточные окраины Российской империи в середине XIX века. Массовый характер иммиграция приобрела в период с 1869 по 1884 гг. и носила неофициальный характер из-за отсутствия дипломатических отношений между Россией и Кореей. В последующие годы численность корейцев росла и достигала значительных масштабов, связанных с событиями русско-японской войны, Первой мировой войны и революционных событий 1917-1920 годов.

Важным источником для понимания положения корейского населения является архивные документы, в частности, сборник «Корейцы на российском Дальнем Востоке (вт. пол. XIX – нач. XX вв.)», выпущенном коллективом авторов из Российского государственного исторического архива Дальнего Востока.[1] На основании документа – «Докладная записка исправляющего должность инспектора линейных батальонов Восточной Сибири, расположенных в Приморской области полковника Ольденбурга» от 25 сентября 1864 г., общепризнанной датой переселения корейцев в Россию стал 1864 год.[2]

Примечательно, что корейская община Приамурского генерал-губернаторства планировала установить памятник по случаю пятидесятилетия переселения корейцев в Приамурский край в 1914 г. Был организован Комитет по устройству празднования годовщины переселения и

---

1) Корейцы на российском Дальнем Востоке (вт. пол. XIX – нач. XX вв.). Документы и материалы. – Владивосток: Изд-во Дальневост. ун-та, 2001. – 380 с.

2) Там же. С.20

проведен съезд выборных представителей корейских сельских обществ и корейцев Владивостока и Никольска-Уссурийского. Однако губернатор Приморской области генерал-майор А.Д. Сташевский отказался выдать разрешение на празднование этого события. Очевидно по политическим соображениям, связанными с обострением международной ситуации в канун Первой мировой войны. В советское время столетие этого события не отмечалось в силу политических причин, когда советские корейцы были лишены возможности позиционировать себя в качестве равноправных граждан Советского Союза. Только спустя сто сорок и сто пятьдесят лет в России были проведены официальные мероприятия по празднованию добровольного переселения корейцев на российскую землю.[3] В ноябре 2013 г. по поручению Правительства Российской Федерации приказом Минрегиона России был утвержден план юбилейных мероприятий, посвященных 150-летию добровольного переселения корейцев в Россию. Мероприятия прошли в марте-декабре 2014 г. и носили международный, всероссийский, межрегиональный

---

3) Троякова Т.Г. Корейское население российского Дальнего Востока: особенности межэтнических коммуникаций. //140-я годовщина переселения корейцев в Россию: историческое значение и современная оценка. Материалы международной конференции, посвященной 140-й годовщине переселения корейцев в Россию. 15-16 июля 2004. The Korean Association of Slavic Studies, Far Eastern State University, Seoul, 2004, Pp. 96-105

характер, их которых символическим стал автопробег-2014 «Корейцы России – 150» через Россию, Среднюю Азию, Казахстан, Китай, КНДР и Республику Корея.

На рубеже 19 и 20 веков компактное проживание в приграничной территории царской России и регулярные контакты с соотечественниками в Корее не способствовали интеграции корейцев в принимающее сообщество. Корейские иммигранты рассматривались российской администрацией как удобный колонизационный элемент и отношение к ним было нейтральным. Для получения подданства Российской империи от корейских иммигрантов требовалось по крайней мере принятие православия и знание русского языка. В начале 1890-х годов в корейских поселениях имелись церковноприходские школы или школы грамоты. Знание русского языка позволяло корейцам получить хорошую работу и стать полноправными членами российского общества в рамках, существовавших в ту пору сословий. Таким образом, школы были связующим звеном между русской и корейской культурами.

Можно утверждать, что в культурном отношении корейцы, проживавшие в Южно-Уссурийском крае, сохраняли собственную идентичность. Но экономические интересы заставляли их оставаться в России и объединяться. Корейское общественное управление было учреждено во Владивостоке в 1891 г. на основании временных «Правил для образования китайско-корейских обществ Приморской области», принятых чтобы улучшить надзор за переселенцами. Корейское самоуправление в значительной степени копировало общинную организацию в Корее, и было эффективным способом выживания в чужеродной этнокультурной среде. В 1897 г. корейское самоуправление было официально упразднено, однако продолжало существовать неформально. Сохранялось двойственное отношение к самоуправлению корейцев у российских властей. С одной стороны, русская администрация проявляла заинтересованность в нём для контроля за исполнением законов. С другой – власти видели опасность в наличии организации, способствовавшей сплоченности корейцев и ограничения влияния властей за их деятельностью.

В начале XX века рост числа корейских национальных обществ пришелся на годы после японской аннексии Кореи. Корейские иммигранты стремились к консолидации на основе антияпонской деятельности. После окончания русско-японской войны 1904-1905 гг. и установления протектората Японии над Кореей поток корейских иммигрантов в Россию увеличился. У российской администрации было двойственное отношение к самоуправлению корейцев. С одной стороны, была заинтересованность в исполнении законов корейцами, которые в массе не знали русского языка, оставались закрытыми для прямых контактов, а с другой стороны, власти видели опасность в наличии организации, способствовавшей сплоченности корейцев и ограничению российского влияния на них. Деятельность национально-политических объединений корейцев с их антияпонской направленностью вызывала двойственное отношение российской администрации. Как пишет Т. З. Позняк, «Заинтересованные в установлении контроля и налаживании системы управления иноподанным населением, проживавшем в регионе, власти пытались включить их самоуправление в российскую административно-управленческую систему, но при этом, подозревали, что оно выполняет функции не только или не столько отведенные им, сколько те, в которых власти заинтересованы не были»[4]

В 1910-е годы среди корейского населения на российской территории было много политических эмигрантов, которые занимались антияпонской деятельностью в городах и Владивосток превратился в один из зарубежных центров корейской политической эмиграции наряду с Сан-Франциско и Шанхаем.

---

[4] Позняк Т.З. Иностранные подданные в городах Дальнего Востока России (вторая половина XIX - начало XX в.). Владивосток, Дальнаука, 2004. С. 99.

Корейское население России с воодушевлением восприняло известие о победе Февральской революции, приветствуя образование Советов и поддерживая проводимые ими мероприятия. В мае 1917 г. в городе Никольск-Уссурийском состоялся Всероссийский съезд делегатов от граждан корейцев с участием более ста с лишним корейцев из разных мест, в том числе из Маньчжурии. Сам факт проведения подобного многодневного и многолюдного форума являлся примером роста политического сознания корейцев от первых самостоятельных образований на уровне корейских поселений до создания региональной организации. Участники Съезда отправили приветственную телеграмму Временному правительству, в которой было предложение о предоставлении корейцам "культурной автономии" и выделении одного места представителю корейского населения в будущем Учредительном собрании. Однако этим планам не суждено было осуществиться. В 1920-е годы вопрос о создании корейской автономии уже на советском дальнем Востоке был предложен корейской партийной номенклатурой и обсуждался на уровне центральных властей, но не получил положительного решения.[5]

Корейская иммиграция вызывала противоречивое

---

[5] Нам С. Г. Из истории корейской общины на Дальнем Востоке (20-ые годы). // Проблемы Дальнего Востока. 1993, № 2, с. 170.

отношение к этому процессу. Одни видели в корейцах трудолюбивых крестьян с глубоким знанием рисоводства и считали, что корейцы могут внести вклад в развитие экономики, и Советский Союз должен благожелательно относиться к пролетарским массам, угнетенным корейскими помещиками и японскими колонизаторами. А другие констатировали, что корейцы, вытесняя русских из пограничных районов, угрожают безопасности государства и могут способствовать интервенции Японии. В конце 1920-х годов началось ограничение прибытия корейских переселенцев, с дальнейшим его прекращением. А безземельных корейцев, уже осевших в Приморье, решили расселять на севере Дальневосточного края, а на их места заселять переселенцев из центральных районов Советского Союза. Эти планы окончились провалом, так как новые территории не были пригодны к земледелию, а жилищные и другие условия оказались неудовлетворительными.

Таким образом, за период с конца 1850-х до 1920-х годов было фактически апробировано несколько моделей взаимодействия российских властей с корейским населением. В результате часть корейских иммигрантов интегрировались в экономическое пространство принимающего общества. Их роль в развитии экономики можно рассмотреть в двух ракурсах: иностранное предпринимательство и капиталовложения в торгово-промышленной сфере и влияние иностранных рабочих на рынке труда. Корейцы восполнили недостаток демографического потенциала российского населения, обеспечив прилив предпринимательского капитала и рабочей силы, способствовали развитию многих отраслей городского хозяйства. Можно говорить о том, что к началу 20 века корейское население внесло весомый вклад в освоение и экономическое развитие Дальнего Востока.

Период с 1917 по 1922 гг. является особым в истории Приморья. События Февральской и Октябрьской революций, продолжавшаяся Первая мировая война и начавшаяся гражданская война, иностранная военная интервенция привели к дестабилизации жизни региона. Миграции этого времени носили стихийный характер и трудно поддавались учёту. В эти годы происходило массовое переселение корейцев на российскую территорию и их численность достигала в отдельные периоды времени до ста тысяч человек. При этом около семидесяти процентов были гражданами иностранных государств.

Корейская политическая эмиграция не только находила убежище в регионе, но и получала покровительство со стороны советских властей. Однако это касалось только той её части, которая вступила в сотрудничество с советской партийной элитой и лидерами Коминтерна. Участники корейского революционного и партизанского движения, находясь на советской территории, зачастую выходили из-под партийно-государственного контроля советских органов власти. Деятельность корейских революционеров вызывала недовольство и раздражение советских властей, что выражалось в противоречивом отношении к присутствию корейского населения в Приморье. Российские власти пытались решить корейский вопрос двумя путями. Во-первых, за счет прекращения самовольного притока корейских иммигрантов в Приморье. Во-вторых, за счет переселения части корейцев в другие районы Дальнего Востока. Было указано запретить самовольный въезд из-за границы иностранцев, а на сельсоветы возлагалась ответственность за укрывательство лиц, пришедших нелегально.

Трудности землеустройства корейцев отразились и на предоставлении им советского гражданства. В первые годы советской власти был введен упрощенный порядок прохождения этой процедуры для трудящихся корейцев, поселившихся в Приморье до 1918 г. В 1926-1927 гг. Далькрайком ВКП (б) стал ограничивать принятие корейцев в советское гражданство за исключением членов ВКП (б), выборных советских органов и т.д. Одновременно была сделана попытка отселения корейских крестьян в другие районы Дальнего Востока. Корейцы отказывались уходить с освоенных ими территорий и бежали из сёл во время раскулачивания и коллективизации.

Советская администрация, как и царская, была обеспокоена наплывом иммигрантов из Кореи и Китая. Эта проблема неоднократно ставилась на обсуждение органов власти разных уровней – от местного до центрального. В начале 1930-х годов численность корейцев достигала 160 000 человек. Выделялось несколько районов их концентрации, где их численность составляла около 64% населения. Это были Посьетская, Барабашская, Владимиро-Александровская, Киевская. Суйфунская и Покровская волости. При этом в Посьетском районе корейцы составляли около 90% от общего числа жителей.[6]

В 1930-е годы в Советском Союзе наряду с политическими репрессиями по критериям социальной принадлежности и политической благонадежности развернулись акции государственного насилия в отношении ряда этнических групп, признанных советским руководством контрреволюционными. К их числу были отнесены немцы, поляки, латыши, китайцы и некоторые другие народы. Корейцы, проживавшие на советском дальнем Востоке, первыми в стране подверглись поголовной депортации по этническому признаку.

---

[6] Торопов А.А. К вопросу о депортации корейского населения. // Политические репрессии на Дальнем Востоке СССР в 1920-1950-ые годы: Материалы первой науч.-практ. конф. Владивосток: Изд-во Дальневост. Ун-та, 1997. С. 247.

Проблема иммиграции корейцев и их деятельности в советский период была кардинально решена за счет массового принудительного выселения. В сентябре – октябре 1937 года специально организованными железнодорожными эшелонами около 172 тысяч корейцев из Дальневосточного края было вывезены в Казахстан, Узбекистан и в другие среднеазиатские республики. Этот год вошел в историю советского периода как год массового террора и репрессий и явился в летописи корейцев бывшего СССР трагической главой.

В 1940-е годы небольшая группа специалистов вернулась на Дальний Восток для организационной, хозяйственной и политической работы с гражданами КНДР, которые были завезены для работы в рыбной, лесной и горнодобывающей отрасли советского Дальнего Востока на основе межправительственных соглашений. В конце 1950-х годов корейцам было разрешено поступать в вузы, служить в армии и переселяться на Дальний Восток. Процесс возвращения не был организованным и не финансировался за счет государства. По словам председателя Находкинского культурного центра Константина Мироновича Кима, в 1959 г. в посёлке Сучан (ныне Партизанск) проживало около двадцати корейских семей.

Формирование новой группы корейского населения в первые послевоенные годы происходило за счет привлечение граждан КНДР в качестве рабочей силы. Между правительствами Советского Союза и КНДР были заключены двусторонние соглашения о привлечении корейцев для работы в рыбной промышленности на разные сроки от одного до трёх лет. Для работы в качестве переводчиков в 1948 г. приехало около 300 корейцев из Казахстана приехало на советский Дальний Восток.[7]

Северокорейские рабочие в течение десяти лет трудились на предприятиях рыбной промышленности Сахалинской области и Хабаровского края. В декабре 1957 г. между СССР и КНДР был заключён Договор об оказании правовой помощи по гражданским, семейным и уголовным делам, приняты Конвенция об урегулировании вопроса о гражданстве лиц с двойным гражданством и Консульская конвенция. В процессе становления межгосударственных отношений с апреля 1958 г. в городе Находка стало функционировать Генеральное консульство КНДР. Консульство занималось, в том числе и вопросами, связанными с пребыванием северокорейских граждан, работавших по официальным договорам сторон и проблемами их массового возвращения в Северную Корею.

В 1958 г. правительство КНДР потребовало возвращения

---

7) Ващук А.С., Чернолуцкая Е.Н., Королёва В.А, Дудченко Г.Б., Герасимова Л.А. Этномиграционные процессы в Приморье в XX веке. Владивосток: ДВО РАН, 2002. С. 108.

своих граждан. К сожалению точные данные о количестве оставшихся и вернувшихся отсутствуют. Но в процессе анкетирования и бесед с российскими корейцами встречались истории отъезда и возвращения семей из Северной Кореи на Дальний Восток. В конечном счете, они принимали советское гражданство. В любом случае, для этой категории корейцев характерна смешанная идентичность.

Несмотря на то, что правительство КНДР заявило о возвращении на родину граждан, работавших на советском Дальнем Востоке, несколько десятков тысяч северных корейцев трудилось на предприятиях Хабаровского и Приморского краёв, Магаданской и Сахалинской областей. В 1957 г. на территории хабаровских леспромхозов было организовано четыре северокорейских леспромхоза. Конторы этих леспромхозов размещались в черте местных посёлков, но северокорейские работники проживали в поселениях закрытого типа. Их численность не превышала шести тысяч человек. Точную численность граждан КНДР, которые работали в регионе в это время, трудно определить в силу того, что процессы отправки и прибытия плохо поддавались учёту, а архивные документы носят разрозненный характер.

Во второй половине 1960-х годов из-за ухудшения экономической ситуации в Северной Корее, Ким Ир Сен попросил увеличить численность корейцев на лесозаготовительных работах. Решение было принято во время неофициальной встречи, которая состоялась между Леонидом Брежневым и Ким Ир Сеном в мае 1966 г. во Владивостоке. В 1975 и 1977 гг. подписывались двусторонние соглашения о расширении площадей лесозаготовок на территории советского Дальнего Востока. Однако северокорейские рабочие, как правило, не имели возможности свободного общения с местным населением. Советская сторона предпринимала попытки приобщения северных корейцев к чтению политической литературы на русском языке и участию в культурно-просветительских мероприятиях. Но северокорейские руководители ориентировались на собственные идеологические установки и формы политического воспитания и оказывали сопротивление этим попыткам. В этом процессе принимали участие некоторые студенты кафедры корееведения ДВГУ, которые проходили там языковую практику. В любом случае, общение с этой группой корейцев было весьма ограниченным.

Миграция корейцев внутри России из бывших республик Средней Азии продолжается вплоть до настоящего времени. В этом процессе можно выделить два периода: первый - советский; второй - российский. Мигранты первого периода уезжали с территорий среднеазиатских республик для улучшения уровня жизни и получения хорошего образования.

После распада Советского Союза часть корейцев не пожелали оставаться на территории среднеазиатских республик, опасаясь этнических конфликтов. С одной стороны, для корейцев среднеазиатские народы были «другими» и как только возникли возможности началось движение в российские регионы. В 1960–1980-е гг. естественная миграция корейцев шла не на Дальний Восток, а на юг России, в Ставропольский и Краснодарский край. С другой стороны, корейцы столкнулись с признанием их «другими» на российском Дальнем Востоке и стали селиться в европейской части России.

После реабилитации в связи с возможностью получения образования и освоения различных секторов экономики стали происходить изменения в социальной структуре корейской общины, которые разрушили барьеры социокультурной интеграции и способствовали утверждению социально-профессионального расслоения корейской диаспоры, что, в свою очередь, явилось фактором социокультурной интеграции и привело к усилению ассимиляционных тенденций.

В 1989 г. возникла первая общественная организация в Приморском крае – Ассоциация корейцев «Находка». К 1993 г. во всех городах Приморского края действовали различные корейские общественные организации. На базе культурных центров и территориальных ассоциаций в 1993 г. в Уссурийске был создан Фонд «Возрождение», который фактически координировал деятельность корейских общественных организаций в масштабах края. Члены фонда занимались разнообразной организационной деятельностью, помогали в сборе и представлении документов для реабилитации, получении специальных удостоверений, статуса беженца и вынужденного переселенца. Фонд издавал газету «Вон Дон» на русском и корейском языках.

Диаспоральные стратегии Республики Корея в полном объеме стали проявляться в 2000-х годах в ходе реализации программ по созданию глобальных информационных и бизнес-сетей. На это время приходится становление и развитие общественного национально-культурного движения в среде корейцев на Дальнем Востоке и России в целом преимущественно в форме национально-культурных автономий.

На российском Дальнем Востоке было создано и действует множество общественных организаций, в том числе национальных объединений, фондов, землячеств, предпринимательских ассоциаций, которые стали своеобразными институтами по сохранению корейской самобытности и поддержания связей как с КНДР, так и с РК.

В рамках закона 1996 г. «О национально-культурной

автономии» в России были созданы национально-культурные автономии (НКА) корейцев, которые в основном вошли в состав Федеральной национально-культурной автономии корейцев России (ФНКА). Например, в Приморском крае многие организации входят в Ассоциацию корейских организаций Приморского края (АКОРП). Ассоциация последовательно выступает с миссией объединения Кореи в единое государство. В Хабаровском крае действует Ассоциация корейских организаций Дальнего Востока и Сибири. В Сахалинской области имеется целый ряд общественных организаций, в том числе организация разделенных семей сахалинских корейцев, «Сахалинские корейцы». В 2012 г. в Биробиджане была создана Ассоциация корейцев Еврейской автономной области, которая организует национальные корейские праздники и участвует в общегородских мероприятиях. В Амурской и Магаданской областях и Камчатском крае корейские общественные организации не отличаются многообразием в силу немногочисленности проживания этнических корейцев.

Ассоциация корейских организаций Приморского края (АКОРП) является одной из главных в Приморском крае. Она была учреждена 17 марта 2008 г. и объединяет общественные организации корейцев, созданные во Владивостоке, Артеме, Уссурийске, Находке, Партизанске, Большом Камне,

Спасске-Дальнем, Арсеньеве. Председатель АКОРП является Валентин Петрович Пак, глава Думы Надеждинского района.

Второй по значимости в Приморском крае является Общественная организация национально-культурная автономия корейцев Приморского края (НКА), которая расположена в Уссурийске. Официальной датой образования национально-культурной автономии корейцев Уссурийска считается март 1996 г. Но первая общественная организация, объединившая корейскую диаспору, образовалась в 1990 г. и называлась Ассоциация корейцев «Уссури». Первым председателем НКА корейцев был Рафаил Константинович Тен, затем в разные годы были председателями: Михаил Петрович Ким, Гирин Мансамович Ким, Олег Александрович Ким, Роберт Анатольевич Ли. С 2000 г. по настоящее время НКА корейцев Уссурийска возглавляет Ким Николай Петрович.

Он является предпринимателем, меценатом и общественным деятелем. Как создатель группы российских компаний Н.П. Ким участвует в развитии деловых и культурных связей между Россией и Республикой Корея. В октябре 2015 г. в Сеуле состоялась церемония вручения высшей государственной награды Республики Корея, где Николаю Петровичу Киму вручили «Гражданский орден» третьей степени «Камелия».

Национально-культурная автономия корейцев под

руководством Н.П. Кима активно участвует во всех мероприятиях, проводимых в г. Уссурийске и Приморском крае. Это такие значимые мероприятия, как ежегодные фестивали «Хоровод дружбы», «Корейской культуры», «Сабантуй», День единения народов Беларуси и России, фестиваль «Единое Приморье», I и II Конгрессы народов Приморского края, праздник урожая «Чусок», а также международные концерты, конференции, выставки, спортивные состязания. В 2014 г. в ряде праздничных мероприятий, посвященных 150-летию переселения корейцев в Россию, при личной финансовой поддержке Н.П. Кима был проведен в г. Уссурийске фестиваль тхэквондо, где наряду с приморскими спортсменами участвовали команды из Республики Корея и Корейской Народной Демократической Республики. При его участии проведен международный фестиваль, посвященный юбилейной дате «Россия-Корея: дружба навек» на городском стадионе Уссурийска. Жители и гости города Уссурийска называют Корейский культурный центр «Домом дружбы».

С октября 2009 г. в Уссурийске функционирует Корейский Культурный Центр, в котором находятся редакция газеты «Корё синмун», исторический музей российских корейцев, работают кабинет традиционной культуры, библиотека, лингафонный кабинет, компьютерный класс, учебные классы для обучения корейскому и английскому языку, занимаются творческие коллективы, ансамбль барабанщиков, работает общество старейшин «Ноиндан», шахматный клуб. При НКА действуют заслуженный коллектив самодеятельного художественного творчества Приморского края «Ариран». В 1995 г. из КНДР специально для создания хореографического ансамбля была приглашен преподаватель корейского танца Зо Ен Хи, которая ведет хореографию. При НКА существует ансамбль «Корё» для пожилых участников организации.

Николай Петрович Ким выступает на открытии Музея истории российских корейцев в декабре 2016 г.
http://zolotou.com/news-ussurijska/2016-12-19/otkrytie-korejskogo-istoricheskogo-muzeja-posle

Самая многочисленная корейская диаспора в Приморье находится в Уссурийске. Поэтому городской округ в крае неофициально считается центром сохранения культуры и традиций Кореи. В городе в октябре 2009 г. был создан Музей историироссийскихкорейцев.

ПослереконструкцииМузейвдекабре2016г.открылся. Проект был поддержан Государственным национальным музеемРеспубликиКорея,многочисленнымиобщественными организациямивЮжнойКорееизаеепределами,генеральным консульством Республики Корея во Владивостоке.

В декабре 2016 г. в Корейском культурном центре Уссурийска после реставрации появилось уникальное хранилище. И неслучайно – история переселения корейцев в Россию напрямую связана с этим городом. В небольших залах представлен непростой, подчас драматический путь. В конце XIX, а затем и в начале XX века, бегство в Россию для

http://ussuriysk.bezformata.ru/listnews/muzej-istorii-rossijskih-korejtcev/53344442/

многих стало шансом выжить. Приморье – первый регион, который встречал переселенцев в чужой стране. В обновленном музее – документы и предметы старины со столетней историей. В наступившем году планируется продолжить тему – открыть музей-квартиру Петра Цоя, одного из лидеров первых корейских поселенцев в России.[8]

Поздравить уссурийскую корейскую диаспору приехали многие почетные гости. Среди них представитель государственного национального музея Республики Корея Чон Ждин Ги, член Совета при Президенте России по международным отношениям, Василий Цо, генконсул Генерального Консульства Республики Корея в г. Владивостоке Ли Сок Пэ и другие.

---

8) Историю российских корейцев показали в Корейском культурном центре Уссурийска. 5 января 2017. https://tvkultura.ru/article/show/article_id/163466/

НКА Уссурийска в 2004 г. стала учредителем еженедельника "Корё Синмун" ("Корейская газета").

Корейская диаспора в Приморье является одной из самых активных групп многонационального населения края, осуществляет активные этнокультурные контакты. Многие из представителей корейской диаспоры активно участвуют в управлении различными сферами народного хозяйства, входят в законодательные и исполнительные органы власти Приморского края. Примечательные биографии этих людей. Четверо – Огай Сергей, Квон Вячеслав, Пак Валентин и Цой Эдуард родились на Дальнем Востоке. При этом Квон и Цой в 1964 г.

Кан Владимир, Ким Георгий, Ким Николай, Пак Олег – родились в Средней Азии.

◎ Кан Валерий Владимирович

Родился в 1978 г. в Ташкенте, Узбекистан. В 1994 году переехал с семьей в г. Уссурийск. В 1995 г. окончил гимназию № 29 г. Уссурийска.

Создал и возглавил производственно-транспортную компанию «Вояж-сервис». 14 марта 2004 г. избран депутатом Думы Уссурийского городского округа. С 2004 по 2012 г. президент Приморской краевой федерации тхэквондо. С 2007 года Президент межрегиональной федерации таеквон-до ИТФ. Обладатель черного пояса, 4 дан. Международный инструктор, судья международной категории «А». С 2010 г. – вице-президент Союза Паратхэквондо России.

С 2008 по 2016 г. - депутат Законодательного Собрания Приморского края по избирательному округу № 10 (Уссурийский, Октябрьский, большая часть Михайловского района, часть г. Уссурийска). 18 сентября 2016 г. избран депутатом Законодательного Собрания Приморского края 6-го созыва по списку Приморского краевого отделения политической партии "Единая Россия".

http://www.zspk.gov.ru/deputy/93418/

◎ Цой Эдуард Евгеньевич

Эдуард Цой. Фото: ИА PrimaMedia

Родился 24 мая 1963 г. в г. Партизанск Приморского края. В 2007 г. окончил ФГОУВПО "Дальневосточный государственный технический рыбохозяйственный университет" по специальности "Экономика и управление на предприятии (Рыбная промышленность)".

В 1982-1990 гг. работал в сфере технического обслуживания

транспортных средств. В1990-2001 гг. возглавлял частные компании. С 2001 г. по настоящее время является генеральным директором ООО Национальное ительменское общество "АЛЫК". С сентября 2015 г. был являлся депутатом Думы Ханкайского района Приморского края.

Заместитель председателя комитета Законодательного Собрания по продовольственной политике и природопользованию. Представляет интересы жителей "сельскохозяйственных" территорий Приморья – Ханкайского, Хорольского, Пограничного и Октябрьского районов.[9]

◎ Пак Валентин Петрович

Председатель Думы Надеждинского муниципального района, председатель Ассоциации корейских организаций. Он имеет четыре государственныс награды КНДР и государственную награду Республики Корея. В 2015 г. получил золотую медаль Всемирной лиги общественного блага при ООН.

◎ Квон Вячеслав Васильевич

Глава муниципального образования Спасска-Дальнего, Приморского края с 2016 г. и бывший председатель Думы

---

9) Эдуард Цой: Сельское хозяйство Приморья по-прежнему нуждается в поддержке https://primamedia.ru/news/628639/https://primamedia.ru/news/628639/

Вячеслав Квон. Фото: ИА PrimaMedia. 1 декабря 2017 г.

Артемовского городского округа. Он родился в 1964 г. в поселке Тавричанка Надеждинского района Приморского края. В 1986 г. получил высшее образование в Актюбинском высшем летном училище гражданской авиации, по специальности «эксплуатация воздушного транспорта» с 1986 по 1999 гг. – пилотом ОАО «Владивосток Авиа». С 1999 по 2000 гг. занимал должность директора ООО «Новошахтинск-транзит уголь», с 2001 по 2012 гг. – директора ООО «Артемовское лесоперерабатывающее предприятие», с 2005 по 2012 гг. – директор ООО «Старт 1». С 2008 г. был депутатом Артемовской городской Думы, а с 2012 г. – председателем Думы Артемовского городского округа.

Член Консультативного Совета по национальностям при администрации Уссурийского городского округа, Совета по межнациональным отношениям при Администрации Приморского края Ким Николай Петрович (Пяк-Нокович). В 2015 г. получил государственную награду Республики Корея «Гражданский орден» третьей степени «Камелия». В 2007 г. получил медаль ордена «За заслуги перед Отечеством» II степени.

◎ Ким Николай Петрович

Родился в 1955 г. в деревне Достижение, в Казахстане. В 1994 г. приехал в Уссурийск.

◎ Огай Сергей Алексеевич

Ректор Морского государственного университета им. адмирала Г.И. Невельского, кандидат технических наук, доцент.

Родился 2 декабря 1954 г. в г. Советская Гавань Хабаровского края.

В 1971-1976 гг. – курсант Дальневосточного высшего инженерного морского училища имени адмирала Г.И. Невельского. Окончил с отличием ДВВИМУ по специальности «Судовые машины и механизмы». С 1976-1979 гг. – аспирант Дальневосточного высшего инженерного морского училища имени адмирала Г.И. Невельского. С1995-1996 гг. – начальник научно-исследовательского сектора Дальневосточной государственной морской академии имени адмирала Г.И. Невельского. С1996-2007 гг. – проректор по научной работе Морского государственного университета имени адмирала Г.И. Невельского. С 2008 г. по настоящее время – ректор Морского государственного университета имени адмирала

Г.И. Невельского.

Он является заместителем председателя Совета ректоров вузов Приморского края, входит в состав Совета ректоров Дальневосточного федерального округа, Совета по образованию Федерального агентства морского и речного транспорта. Является членом Владивостокского морского собрания. Является членом Дальневосточного отделения Русского географического общества (Общество изучения Амурского края). Является действительным членом Российской Академии транспорта (РАТ), возглавляет Дальневосточное отделение РАТ. Входит в состав регионального отделения Российского Союза промышленников и предпринимателей Российской Федерации. Представитель Союза «Российская палата судоходства» на Дальнем Востоке. Председатель Общественного экспертного совета по транспортной политике в Приморском крае.

◎ **Ким Георгий Николаевич**

Ректор Дальневосточного государственного технического рыбохозяйственного университета (Дальрыбвтуз), доктор технических наук, профессор, Заслуженный работник рыбного хозяйства РФ.

Родился 30 апреля 1954 г. в п. Палванташ Андижанской области; окончил Дальрыбвтуз в 1979 г.; трудовую деятельность в Дальрыбвтузе начал в 1979 г. сначала научным сотрудником, а в 1980 г. был назначен проректором по капитальному строительству; последующие годы трудился на различных должностях (проректор по АХР, проректор по международным связям, проректор по социальной работе и одновременно председатель объединенного профсоюзного комитета Дальрыбвтуза). В 2004 г. был избран ректором Дальрыбвтуза. Является председателем совета ректоров вузов Федерального агентства по рыболовству, заместителем секретаря регионального совета по работе с молодежью партии "Единая Россия".

◎ Пак Олег Игоревич

Главный врач Медицинского Центра ДВФУ, директор Медицинского центра ДВФУ, главный детский нейрохирург Приморского края кандидат медицинских наук, нейрохирург высшей категории. Родился в 1971 г. в городе Тойтепа Ташкентской области. В 1988 – 1991 гг. - получил образование в Средне-Азиатскои Медицинском

Педиатрическом Институте, Ташкент, Узбекистан. В1991-1994 г. - Владивостокский государственный медицинский институт, педиатрический факультет. В 2002 – 2003 гг. - стажировка по нейрохирургии. Вашингтонский университет (University of Washington, By Professor Richard Ellenbogen - President of the 2005-2006 North- American Congress of Neurological Surgeons), Медицинский Колледж, Сиэтл, США. В 2005 г. защитил кандидатской диссертации: «Ранняя диагностика, консервативное и малоинвазивное хирургическое лечение гидроцефалии у детей». В 2007 год - научная работа в Карловом Университете, Прага, Чехия.

На Олимпийских играх в Пхенчанге.

Член Всероссийской политической партии "ПАРТИЯ

РОСТА", член Политического совета Регионального отделения в Приморском крае Всероссийской политической партии "ПАРТИЯ РОСТА"

Свободно владеет английским, французским, корейским, чешским языками.

◎ Пак Валентин Петрович

Родился в июле 1950 г. в поселке Кавалерово Приморского края. Маленький Валентин Пак успел окончить два класса корейской школы, потом ее закрыли. В советское время в Приморье в сельских школах преподавался корейский язык.

В 1974 г. – окончил Дальневосточный политехнический институт им. В.В. Куйбышева. 1974 - 1989 гг. - горный мастер, заместитель начальника гидрологической полевой экспедиции с. Вольно-Надеждинское. В 2005 г. Валентин Пак создал общественную организацию «Союз предпринимателей Приморского края «Южноприморский», объединившую более тысячи предпринимателей Надеждинского и Хасанского районов, городов Артема и Уссурийска, во главе которой сегодня стоит его дочь - Юлия Пак, одновременно возглавляющая Общественный Совет предпринимателей Приморского края.

С 2006 г. - по настоящее время- Председатель Ассоциации корейских организаций Приморского края (АКОРП). С 2009 г. - по настоящее время - председатель Думы Надеждинского муниципального района. 2015 г. - получение государственной награды Российской Федерации - медали «За благодеяние»; кроме этого имеет четыре государственные награды КНДР и государственную награду Республики Корея

Этнические корейцы на российском Дальнем Востоке всегда ощущали себя корейцами, хотя во многом восприняли культурные нормы принимающего общества, что способствовало их глубокой интеграции. За время проживания в российском обществе у корейцев сложилась особая культурная идентичность, характеризуемая смешением российских и корейских культурных ценностей и сформировалась иерархия идентичностей, в которой гармонично соотносятся этническое и гражданское самоопределения.

Глава 3

Особенности формирования транснационального пространства

Непосредственными соседями России по региону являются страны Северо-Восточной Азии: Китай, Япония, Северная и Южная Корея. Сотрудничество российского Дальнего Востока с этими странами является важным фактором его экономического и культурного развития.

В свою очередь, СВА представляет собой динамично развивающийся регион, включающий такие страны-лидеры международных политических и экономических отношений, как Япония и КНР. При этом отношения в регионе строятся на постулате «равновесия сил» и характеризуются слабым развитием транснациональных отношений. Основным противоречием в СВА является расхождение между явно выраженной интеграционной мотивацией, с одной стороны, и отсутствием эффективных многосторонних институтов — с другой. Интересы России в СВА включают геополитические (вопросы безопасности), экономические (развитие торгового, инвестиционного, технологического сотрудничества, координация миграционной политики), экологические и социально-культурные.

В первые десятилетия после развала Советского Союза в 1991 г. и окончания холодной войны возникли надежды Республики Кореи по поводу планов объединения Юга и Севера. Казались возможными планы развития транснационального этнического сотрудничества с корейской диаспорой, проживающей на российском Дальнем Востоке.

Корейский полуостров для России – это, с одной стороны, потенциально взрывоопасный район в непосредственной близости от российской границы, несущий угрозу ее национальной безопасности, с другой – возможность, во многом уникальная, на равных взаимодействовать с другими центрами силы, прежде всего Соединенными Штатами, Китаем и Японией.

Особенностью оценок внешними державами обстановки вокруг Юга и Севера в последнее десятилетие стало восприятие ситуации как преимущественно вялотекущего конфликта, который хотя и осложняется периодическими обострениями, но в принципе не создает существенной угрозы интересам соседних государств в области безопасности.

На формирование транснационального пространства на российском Дальнем Востоке оказывает влияние состояние отношений России с Республикой Кореей и КНДР.

В феврале 2000 г. Россия и КНДР заключили Договор о дружбе, в котором содержались положения о взаимных контактах в случае возникновения угроз безопасности и о консультациях по широкому кругу вопросов. Сотрудничество дальневосточных территорий Российской Федерации с КНДР является важным элементом комплекса российско-северокорейских отношений, в первую очередь на экономическом направлении.

В октябре 2003 г. была создана рабочая группа администрации Приморского края и Комитета по содействию международной торговле КНДР. В октябре 2004 г. на заседании этой группы были подведены итоги и приняты планы на будущее. В Приморье были открыты представительства ряда государственных компаний из КНДР.

Россия и КНДР 5 июля 2012 г. подписали межправительственный договор о режиме государственной границы, что улучшило условия для активизации российско-северокорейских обменов, развития хозяйственных связей, в том числе между приграничными регионами двух стран.

Во всяком случае, в 1990-е годы на российском Дальнем Востоке возникла уникальная ситуация открытости. Российские граждане получили возможности посещения соседних стран, в частности Китая и Японии в качестве предпринимателей, туристов и просто челноков. В свою очередь, китайские торговцы и рабочие хлынули в Приморье, Хабаровский край, Амурскую область и т.д.

Сотрудничество в сфере использования рабочей силы из КНДР на российском Дальнем Востоке не утратило актуальности и приобрело более широкие возможности сотрудничества. По сравнению с прежними временами северокорейские рабочие проживали в поселках и городах среди местного населения. Они работали уже на стройках по контрактам с российскими компаниями, которые заключались через посредников. Примечательно, что роль таких посредников часто брали на себя российские корейцы, которые могли общаться на корейском языке с представителями КНДР.

Значительное количество российских корейцев, прибывавших из Казахстана и Узбекистана селились в городах Уссурийске, Артёме и сельских поселениях. В середине 1990-х годов в этих городах были созданы представительства корейского сельскохозяйственного общества, которые официально занималось трудоустройством северных корейцев. Но в 1999 г. представительство корейской сельскохозяйственной компании в Артёме по настоянию миграционных властей было закрыто в связи с нарушениями северокорейскими рабочими правил ведения работ в сельском хозяйстве.

Отношения России с КНДР в этот период практически оказались замороженными в связи с тем, что экономические отношения не были эффективными, а на братскую помощь у России не хватало ресурсов.

Однако торгово-экономические связи на региональном уровне сохранялись. Например, в марте 1995 г. в Пхеньяне состоялись переговоры губернатора Приморского края Е.И. Наздратенко с председателем Внешнеэкономического комитета КНДР Ли Сон Дэ и подписание меморандума о развитии торгово-экономических связей. В конце 1995 г. делегация из Свободной экономической зоны «Находка» обсуждала возможности сотрудничества с СЭЗ «Раджин-Сонбон». В сентябре 1997 г. мэр Владивостока В.И. Черепков посетил Пхеньян для обсуждения строительства объектов во Владивостоке с привлечением рабочей силы из КНДР. В 1990-е годы количество северокорейских рабочих возрастало до четырех тысяч. Хотя численность китайских рабочих была гораздо больше.

Начиная с 2003 г. Валентин Пак выступает с миссией

объединения двух корейских государств, организуя совместные встречи генеральных консулов КНДР и Республики Корея.

В.П. Пак и Посол России А.И. Мацегора перед Посольством России в Пхеньяне.

Развитие экономических отношений с КНДР не является приоритетом для России в силу отсутствия возможностей получения северокорейских инвестиций и основано в основном на политических задачах.

Однако в течение 2014-2017 гг. было приложено немало усилий по налаживанию экономического и культурного сотрудничества с КНДР с участием Министерства по развитию Дальнего Востока. Министр по развитию Дальнего Востока А.С. Галушка регулярно встречается с представителями КНДР и делает заявления о разнообразных планах по налаживанию сотрудничества. В апреле 2014 г. состоялся визит в КНДР Полномочного Представителя Президента РФ в Дальневосточном федеральном округе Ю.П. Трутнева. В поездке его сопровождали губернаторы Хабаровского края В.И. Шпорт, Приморского края В.В. Миклушевский, Амурской области О.Н. Кожемяко, а также представители российских министерств и коммерческих компаний. В ходе визита было подписано Соглашение между Министерством внешней торговли КНДР и Правительством Амурской области о торгово-экономическом сотрудничестве. Делегация КНДР принимала участие в Восточном экономическом форуме в сентябре 2017 г. во главе с министром внешнеэкономических дел Ким Ён Дже.

В феврале 2015 г. делегация Министерства внешнеэкономических связей КНДР (МВЭС) во главе с министром Ли Рён Намом посетила Хабаровский край. По итогам визита был подписан Перспективный план сотрудничества между Правительством Хабаровского края и МВЭС КНДР на 2015-2017 гг. В рамках реализации этого Плана корейская сторона предложила развивать на территории края совместные сельскохозяйственные производства для выращивания зерновых и кормовых культур, сои и грибов. Руководство края заявило о возможности предоставления земельных участков для создания совместных предприятий в Комсомольском муниципальном районе и в городе Комсомольск-на-Амуре. В Хабаровском крае работают пятнадцать предприятий с северокорейскими инвестициями, одно совместное предприятие, открыты восемь представительств компаний из КНДР. Регулярно проводятся заседания Двухсторонней рабочей группы по торгово-экономическому сотрудничеству между Правительством Хабаровского края и Комитетом по содействию международной торговле КНДР. В рамках визита в Хабаровский край делегации из КНДР в сентябре 2015 г. состоялось подписание итогового протокола по результатам второго заседания двусторонней рабочей группы по торгово-экономическому сотрудничеству между Комитетом по содействию международной торговле КНДР и правительством Хабаровского края.

Развитию более тесных двусторонних отношений стало объявление 2015 г. первого в истории двусторонних отношений Года дружбы между двумя странами. В апреле 2015 г. в Москве прошла торжественная церемония открытия перекрестного Года дружбы Россия – КНДР. Состоялись визиты официальных делегаций на парламентском, правительственном и ведомственных уровнях, контакты по линии культурных, спортивных, молодежных обменов, общественных организаций.

На Дальнем Востоке продолжают развиваться побратимские связи между городами Владивостоком и Вонсаном, Находкой и Расоном, Партизанском и Кёнсоном, Хабаровском и Чхончжином, а также между Амурской областью и провинцией Южный Пхёнан. В июне 2015 г. во Владивостоке было подписано Соглашение о сотрудничестве в области туризма между Администрацией Владивостока, Генеральным консульством КНДР и Ассоциацией корейских организаций Приморского края. В настоящее время предлагаются туры из Владивостока в Пхеньян, Расон и Кэсон.

В 2014 г. состоялся международный автопробег «Россия-Корея – 2014», который начался 7 июля в Москве и прошел по территориям Казахстана, Узбекистана, Киргизии и ряда регионов России. В его составе более тридцати человек из разных стран – общественные деятели, политики и бизнесмены, представители спорта, культуры и туризма. В начале августа 2014 г. в Приморье прибыл автопробег, посвященный 150-летию добровольного переселения корейцев в Россию и 130-летию установления дипломатических отношений между нашими странами.[1]

---

1) Народная дипломатия во имя мира и дружбы на международной арене.

Участники автопробега дружбы в 2014 г.

Начиная с 2003 г. Ассоциация корейских организаций Приморского края во главе с Валентином Паком последовательно выступает с миссией объединения двух корейских государств, организуя совместные встречи генеральных консулов КНДР и Республики Корея по случаю празднования Восточного Нового года.

07.08.2014. http://www.zspk.gov.ru/press-service/press-relizy/60374/?sphrase_id=17269.

Восточный Новый год объединил генконсулов Южной и Северной Кореи в Приморье. http://primamedia.ru/news/566006/

В 2017 г. Ассоциация корейских организаций Приморского края (АКОРП) во главе с председателем Валентином Паком встречала гостей в Центре национальной культуры в Артеме. На этом празднике впервые вручалась награда, учрежденная АКОРПом в 2016 г. – медаль "За вклад в дело укрепления дружбы народов". Ею были удостоены председатель краевого Совета старейшин "Ноиндан" Станислав Юн, председатель национально-культурной автономии г. Находка Константин Ким, генеральный консул КНДР во Владивостоке Им Чхон Ир, генеральный консул Республики Корея Ли Сок Пэ, представитель МИД РФ во Владивостоке Игорь Агафонов.

Председатель Законодательного собрания Приморского края Александр Ролик в своем выступлении отметил большой вклад корейской диаспоры, одной из самых крупных в крае, в развитие и укрепление дружеских отношений между народами Азиатско-Тихоокеанского региона, подчеркнув огромную заслугу в этом Валентина Пака. Он вручил почетную грамоту Законодательного собрания Ассоциации корейских организаций Приморского края и благодарственные грамоты ее активистам: генеральному директору компании "Райтекс" Ольге Гук и директору Центра национальной культуры Сергею Ти.

Эта добрая традиция, рождённая народной дипломатией с миссией объединения Севера и Юга на Корейском полуострове, смогла претворить в жизнь уникальный в мире проект. На протяжении вот уже шестнадцать лет за дружеским столом встречаются генеральные консулы КНДР и Республики Корея. На этот раз в стильно украшенном парадном зале отеля «Райтекс» в формате народной дипломатии собрались представители восьми государств. Генеральный консул КНДР Зо Сек Чхоль и генеральный консул Республики Корея Ли Сок Пэ стояли рядом во время традиционного новогоднего тоста. Вместе с ними – генеральный консул Индии г-н Субхам Кумар, генеральный консул США г-н Майкл Кийс, вице-консул генерального консульства Японии г-н Оно Кодзи. В торжестве принимали участие врио вице-губернатора Приморского края Гагик Захарян, мэр Владивостока Виталий Веркеенко, председатель комитета по региональной политике и законности Заксобрания Приморского края Джамбулат Текиев, председатель Общественного совета предпринимателей Приморского края Юлия Пак, профессор таможенной академии Виктор Горчаков. На празднике присутствовали представители корейских диаспор из городов Владивостока, Артёма, Уссурийска, Находки, Большого Камня, Арсеньева, Партизанска. Коллектив учениц владивостокской школы № 28, исполнил традиционный корейский танец с веерами. Песню мира и дружбы исполнили артистки из КНДР. Японская песня «Цветы» и русская «Катюша» были представлены японской стороной. Причём на виолончели играл Нагата Кенсуке, глава представительства «Марубени корпрорейшн» на Дальнем Востоке, на скрипке – Окабеэ Риса, вице-консул Генерального консульства Японии во Владивостоке, на альте – Иноуэ Дзюнья, представитель компании «Мицуи», а исполнительницей стала Симура Май, студентка ДВФУ.[2]

А 16 февраля 2018 г., Ассоциация корейских организаций Приморского края отметила встречу восточного Нового

---

[2] http://ytro-vostoka.ru/105/Obshchestvo/Snova_vstrechaem_noviy_god/

года в Уссурийске.

Во Владивостоке по инициативе председателя Ассоциации корейских организаций Приморского края В.П. Пака был установлен памятный знак в ознаменование дружбы российского и корейского народов в июне 2015 г. В августе 2015 г. во Владивостоке в сквере городов-побратимов состоялся концерт в честь 150-летия добровольного переселения корейцев в Россию. Праздник был также приурочен к 70-ой годовщине освобождения территории Кореи. В мероприятии приняли участие Генеральные консулы КНДР и Республики Корея.

(Слева направо) Генеральный консул Республики Корея Ли Сок Пэ, В.П.Пак, Генеральный консул КНДР Им Чхон Ир, И.О. Представителя МИД России в г. Владивостоке И.В. Агафонов.

Генеральные консулы КНДР и РК во Владивостоке Им Чхон Ир (слева) и Ли Сок Пэ (справа) пожимают друг другу руки во время церемонии открытия Памятника

Осенью 2014 г. во Владивостоке по инициативе Валентина Пака был организовано торжественное мероприятие, посвященное 150-летию добровольного переселения корейцев в Россию. Был устроен уникальный праздничный концерт с участием артистов из КНДР, Республики Корея, КНР и России. Под эгидой АКОРПа был проведен гастрольный тур с участием артистов из КНДР во Владивостоке, Артеме, Большом Камне, Находке, Партизанске, Уссурийске.

В дальневосточных городах регулярно проходят выставки изделий декоративно-прикладного искусства КНДР. В

Хабаровске в июне 2015 г. в Дальневосточной государственной научной библиотеке состоялась фотовыставка, посвященная годовщине со Дня начала деятельности «великого руководителя корейского народа товарища Ким Чен Ира в Центральном комитете Трудовой Партии Кореи» при поддержке Хабаровской канцелярии Генерального консульства КНДР. В августе 2015 г. в городе открылась выставка фотографий и изделий декоративно-прикладного искусства Северной Кореи. Это был совместный проект хабаровской канцелярии генерального консульства КНДР и регионального отделения партии «Единая Россия», который был посвящен семидесятой годовщине освобождения Северной Кореи от японских милитаристов, а также тринадцатой годовщине посещения Ким Чен Иром Дальнего Востока.

В течение нескольких дней августа и сентября 2015 г. по приглашению администраций городов Владивостока, Находки, Партизанска и Артёма состоялась поездка учеников Моранбонской средней школы по городам Дальнего Востока. В сентябре 2015 г. в хабаровской гимназии № 5 открылся класс российско-корейской дружбы. На мероприятии присутствовал заместитель Генерального консула КНДР в Находке Мун Хо.

В феврале 2016 г. АКОРП совместно с администрацией Приморского края и филиалом фонда «Русский мир» принимала во Владивостоке делегацию школьников – победителей Первой республиканской олимпиады по русскому языку при Пхеньянском институте иностранных языков в КНДР. Это событие состоялось в рамках перекрестного Года дружбы Россия – КНДР. Посол России в КНДР Александр Мацегора направил в адрес председателя АКОРП благодарность за помощь в организации и финансировании поездки делегации из КНДР. В мае 2017 г. во Владивостоке состоялись традиционные соревнования по художественной гимнастике. Помимо спортсменок из Приморья, в них участвовали десять иностранных гимнасток: четверо из Южной, а шестеро - из Северной Кореи.[3]

В контексте активизации туристических связей Северная Корея стремится в полной мере задействовать возможности профильных организаций и проводимых под их эгидой мероприятий. Туристическая компания "Альфа и Омега", которая расположена во Владивостоке, входит в Соглашение между Правительством РФ и Правительством КНДР о безвизовых групповых туристических поездках. Эта компания имеет награду за добросовестный труд и большой вклад в развитие экономического и культурного сотрудничества между Приморским краем и КНДР. Следует

---

[3] Новости Владивостока http://www.newsvl.ru/sport/2017/05/27/159591/#ix zz4iN7nY1TS

сказать, что у Владивостока имеются различные возможности для организации туров как по железной дороге через Хасан в Туманган и на самолёте северокорейской компании Air Koryo в Пхеньян дважды в неделю.

В последние годы появились предложения по организации специальных туров в Северную Корею для обучения корейскому языку, национальным танцам, тхэквондо, гольфу, альпинизму и т.д. Для детей предлагается отдых в международном пионерском лагере Сондовон близ Вонсана. А для желающих вести бизнес в КНДР предлагаются поездки на международную выставку товаров в свободной экономической зоне Расон, которая ежегодно проводится в августе. Очевидно, что предлагаемое разнообразие туров вызвано планами увеличения валютных поступлений в страну, учитывая, что частичная оплата туров производится в долларах.

В Приморском государственном объединенном музее имени Арсеньева ежегодно проходят выставки декоративно-прикладного искусства Северной Кореи. Кинематографисты из КНДР принимают участие в кинофестивале «Меридианы Тихого». В Приморье регулярно проходят международные турниры по тхэквондо, где с успехом выступают спортсмены из КНДР.

В рамках сотрудничества в сфере образования ежегодно за счет средств федерального бюджета РФ выделяется квота на обучение студентов из КНДР в российских ВУЗах, в том числе в ДВФУ. С 2012 г. осуществляется программа сотрудничества ДВФУ с Университетом имени Ким Ир Сена и Пхеньянским институтом иностранных языков.

15 апреля 2016 г. во Владивостоке состоялась открытие генерального консульства КНДР. До этого времени консульство располагалось в Находке и очевидно, что перевод во Владивосток способствовал более оперативному развитию сотрудничества, в том числе и на местном уровне. Например, в мае 2016 г. в День пограничника в Хасанском районе состоялся футбольный матч с командой северокорейских коллег.[4] В августе 2016 г. в Центре развития предпринимательства прошла встреча генерального консула КНДР в Приморском крае Им Чхон Ира с предпринимателями Владивостока. Участники обсудили возможности организации регулярного грузового сообщения между Владивостоком и Вонсаном.

Вице-губернатор Приморского края С. В. Нехаев в сентябре 2016 г. провел встречу с директором Третьего департамента МИД КНДР О Сынг Хо. По словам северокорейского дипломата, потенциал сотрудничества Приморского края и приграничных территорий Северной Кореи пока не раскрыт в полной мере. О Сынг Хо также

---

[4] В футбольном матче победила дружба. 31 мая 2016 //https://www.prim-hasan.ru/index.php?id=689

сказал: «⋯с радостью мы приняли известие о том, что российская сторона готова продолжать сотрудничество в сфере строительства, несмотря на санкции Запада. Вместе с тем считаем, что между приграничными районами КНДР и Приморьем должен быть создан логистический узел, который позволит укрепить наши отношения. Вопрос строительства понтонного моста между территориями уже проходит стадию согласования в Москве. Считаем, что надо ускорить этот процесс».[5]

В июле 2017 г. Генеральный консул КНДР во Владивостоке Зо Сек Чхол встретился с представителями Законодательного собрания Приморского края. Примечательно, что Генконсул положительно оценил состояние сотрудничества между КНДР и Приморским краем.[6]

Одним из примеров культурного сотрудничества является Дом российско-корейской дружбы или как его называют в народе, Домик Ким Ир Сена, построенный на границе РФ и КНДР. В 2014 г. музей был уничтожен в результате пожара, но понимание высокой политической значимости объекта способствовало восстановлению музея. В феврале 2018 г. в музее появились новые экспонаты:

---

[5] Вице-губернатор Приморского края Сергей Нехаев провел рабочую встречу с директором Третьего департамента МИД Корейской Народно-Демократической Республики О Сынг Хо вчера, 12 сентября. www.primorsky.ru; http://www.primorsky.ru/news/117980/?sphrase_id=3415534

[6] Стало известно, кто возглавил генконсульство КНДР во Владивостоке. 28.07.2017. http://primamedia.ru/news/609609/

памятные доски в ознаменование визитов в Россию лидеров КНДР Ким Ир Сена и Ким Чин Ира. Мероприятие было приурочено к 70-летию дружественных связей между Россией и КНДР.[7]

Внешнеполитические стратегии Республики Корея и Российской Федерации предполагают выстраивание взаимодействия с учетом диаспоральных интересов. При этом российские корейцы являются устойчивым сообществом с многоуровневой идентичностью, где отчетливо представлена гражданская российская составляющая и слабо выражены миграционные установки по отношению к Республике Корея.

Импульс двусторонним связям придал состоявшийся в ноябре 2013 г. официальный визит в Республику Корея Президента РФ В.В. Путина, в ходе которого было принято Совместное заявление России и Республики Корея. В этом документе были отражены приоритетные векторы развития российско-южнокорейских связей на ближайшую и среднесрочную перспективу, нацеленные на максимальное раскрытие потенциала сотрудничества, повышение его эффективности, поиск новых направлений практического взаимодействия, в первую очередь в инновационных областях.

---

7) Памятные доски на Доме российско-корейской дружбы// Официальный сайт Хасанского района. https://www.prim-hasan.ru/index.php?id=1256

К настоящему времени создана разветвленная договорно-правовая база двустороннего взаимодействия: заключено более пятидесяти соглашений по торговле, о гарантиях инвестиций, по рыболовству, по предотвращению двойного налогообложения, о сотрудничестве в военно-технической области, в сфере мирного использования атомной энергии, о культурном обмене и другие.

Осенью 2013 г. Россия и Республика Корея подписали соглашение о взаимной отмене визовых требований. Соответствующий межправительственный документ был подписан по итогам российско-корейских переговоров на высшем уровне. Безвизовый режим между Россией и Кореей начал действовать с января 2014 г. и к настоящему времени достиг значительных размеров. Стоит отметить, что такой режим до сих пор остается уникальным, так как с другими странами СВА остаются различные правила.

Было подписано соглашение между правительствами двух стран об учреждении и условиях деятельности культурных центров. Также были приняты меморандум о взаимопонимании о сотрудничестве в области транспорта, меморандум о взаимопонимании между Федеральным агентством по туризму и профильным министерством Кореи об организации Годов взаимных визитов РФ-Корея в 2018 г. В феврале 2018 г. было решено, что Россия подпишет межправительственное соглашение о взаимном признании дипломов с Республикой Корея. В 2018 г. планируется отметить десятилетие со дня подписания Соглашения о стратегических партнёрских отношениях между Россией и Южной Кореей.

Республику Корея и Приморский край связывают долгие партнерские отношения. На протяжении многих лет эта страна является одним из основных партнеров региона в сфере торговли и инвестиций. Интерес южнокорейских компаний к Дальнему Востоку России растет, и стимулом к желанию иностранных инвесторов развивать бизнес с российскими коллегами во многом послужили договоренности, достигнутые лидерами двух стран Владимиром Путиным и Мун Чжэ Ином в ходе третьего Восточного экономического форума в сентябре этого года.

Среди наиболее перспективных областей, обозначенных главами государств для взаимодействия, – сельское хозяйство, рыболовство, судостроение, энергетика и другие. В Приморском крае осуществляют свою деятельность более пятидесяти южнокорейских предприятий, которые реализуют проекты в сфере торговли, сельского хозяйства, производства, транспорта и ремонта автотранспортных средств, рыболовства, гостиничного и ресторанного бизнеса и другие.

Глав НКА Николай Ким способствует укреплению отношений между Россией и странами Корейского полуострова, установлены дружественные отношения с Центром культуры провинции Кёнги и г. Гунпхо Республики Корея, тесно сотрудничает с общественным движением «За мир в Северо-Восточной Азии». В 2014 г. в ряде праздничных мероприятий, посвященных 150-летию переселения корейцев в Россию, по личной финансовой поддержке Ким Н.П. был проведен в Уссурийске фестиваль тхэквондо, где наряду с приморскими спортсменами участвовали команды из Республики Корея и КНДР.

Через реку Туманную (Туманган) в 800 м юго-западнее станции Хасан между границами РФ и КНДР построен железнодорожный мост Дружбы. Автомобильные и пешеходные пограничные переходы отсутствуют.
//http://smitsmitty.livejournal.com/165755.html?thread=3194491

На крайнем юге Приморского края у озера Хасан сходятся границы трех государств — России, Китая и Северной Кореи. По фарватеру реки проходит 17-километровая граница между Россией и КНДР.

Географическое расположение Хасанского района, имеющего удобные выходы к морю и границу с КНР и КНДР, а также железнодорожное сообщение с КНДР, закрепляет за ним роль универсального транспортного коридора между странами СВА и дальневосточным регионом РФ. На территории района расположены автомобильный и два железнодорожных пункта пропуска, что позволяет связать транспортными путями Приморский край и китайскую провинцию Цзилинь, а также обеспечить доступ РК к Транс-Сибирской железнодорожной магистрали. Всё это создает идеальные условия для включения территории Хасанского района в международную логистическую систему. Имеющийся у Хасанского района потенциал частично задействован в рамках международного транспортного коридора «Приморье – 2», связавшего города провинции Цзилинь КНР с российскими портами Зарубино, Посьет, Славянка и обеспечившего им выход к Японскому морю. В настоящий момент процесс освоения логистических возможностей Хасанского района продолжается.

В мае 2015 г. было подписано Соглашение о сотрудничестве в торгово-экономической, логистической и туристической сферах между администрацией Хасанского муниципального района и мэрией города Поханг. Руководители территорий договорились и об осуществлении культурного обмена между Хасанским районом и городом Поханг. В рамках достигнутых договоренностей корейская сторона вышла с предложением предоставить грант на обучение хасанских студентов в стенах Ёнгнамского университета. В результате были отобраны пять молодых хасанцев, готовых продолжить обучение на территории иностранного государства.[8]

Глава Хасанского муниципального района Сергей Овчинников в июле 2017 г. принимал участие в работе Форума экономических отношений с участием глав компаний и представителей стран Северо-Восточной Азии, который проходил в городе Поханге.

В сентябре 2017 г. Хасанский район стал местом

8) Молодые хасанцы будут учиться в Южной Корее.01 марта 2016. // https://www.prim-hasan.ru/index.php?id=600

проведения международной Конференции глав городов бассейна Японского моря. Мероприятие такого уровня в Хасанском районе проводилось впервые. Для участия в конференции Славянку прибыли делегации из Японии, Республики Корея, Китайской Народной Республики, городов Владивосток и Находка. Традиционно, к обсуждению на Конференции выносятся актуальные для жителей России, Японии, Китая и Республики Кореи вопросы, обусловленные общей географией, взаимным интересом к культуре и истории стран-участниц, а также общей обеспокоенностью вопросами экологического благополучия региона. Темой 23-й Конференции стало развитие международных транспортных коридоров и трансграничного туризма – перспективное и экономически обусловленное направление взаимодействия в границах бассейна Японского моря. Включение Хасанского района в территорию Свободного порта Владивосток, способствовало развитию трансграничного туризма. Уже сейчас граждане восемнадцати стран для въезда на территорию Российской Федерации могут воспользоваться упрощенным визовым порядком.

Для захода иностранных судов на территории района действуют морские порты Зарубино, Посьет, Славянка. Сейчас совместной Российско-китайской комиссией по границе прорабатывается вопрос о самостоятельном въезде граждан России и Китая на территорию сопредельного государства на личном автотранспорте через автомобильные пункты пропуска. С возобновлением паромного транспортного сообщения между портами Зарубино и Сокчо (Республика Корея) Хасанский район возьмет на себя роль принимающей стороны и закрепит за собой статус территории трансграничного туризма. В данный момент ведутся переговоры о возможности возобновления работы пассажирской линии из Яньбаньского автономного округа (КНР) в города побережья Восточного моря (Республика Корея). Развитие круизного и паромного туризма в Владивостоке, рост популярности морского туризма в КНР ставит на повестку дня вопрос о разработке новых трансграничных туристических маршрутов, в которых Хасанский район выполнял бы функцию территории транзитного посещения, связывающей туристические достопримечательности Владивостока и приграничных территорий КНР.

В феврале 2018 г. делегация Приморского края во главе с руководителем представительства Международного конгресса промышленников и предпринимателей в АТР, председателем Приморского отделения общества российско-корейской дружбы Евгением Русецким приняла участие в деловом семинаре с руководителями крупнейших транспортных, судостроительных, стивидорных и логистических корпораций города Пусана, посвященном экономическому сотрудничеству между Россией и Республикой Корея.[9] Повестка семинара не ограничилась обсуждением только экономического сотрудничества. Председатель Международной ассоциации водных видов спорта АТР и приморский бизнесмен Юрий Рябко совместно с корейскими партнерами презентовал проект проведения в Пусане чемпионата мира по аквабайку «Busan Grand Prix 2018».

Члены Приморского отделения Союза журналистов России Андрей Островский и Алексей Мигунов обсудили с

---

9) Развитие российско-корейских отношений обсудили в Пусане. // Официальный сайт Администрации Приморского края и органов исполнительной власти Приморского края. 26 февраля 2018 года

представителями корейской стороны объективность освещения в СМИ обеих стран состояния российско-корейских отношений и передали ведущим корейским СМИ приглашения для участия в медиафорумах, которые пройдут на Сахалине и во Владивостоке в апреле и июле 2018 года.

В ноябре 2017 г. во Владивостоке на базе представительства КОТРА был открыт центр поддержки корейских инвесторов. Основная цель создания организации – повышение эффективности работы иностранных партнеров на территории Приморья. Центр будет предоставлять корейским предпринимателям информацию о преференционных механизмах, введенных на Дальнем Востоке, системе налогообложения, правилах таможенного оформления, найме сотрудников на предприятия и другие сведения, связанные с реализацией инвестиционных проектов.[10] В Приморье 5 марта 2018 г. состоялся День корейского инвестора. Заместитель председателя Правительства РФ – полномочный представитель Президента России в ДФО Юрий Трутнев провел первую встречу с официальной делегацией Республики Корея во

---

[10] Андрей Тарасенко обсудил с Генконсулом Республики Корея во Владивостоке реализацию совместных проектов. // Официальный сайт Администрации Приморского края и органов исполнительной власти Приморского края. 5 декабря 2017. http://www.primorsky.ru/news/137013/

главе с председателем Комитета по экономическому сотрудничеству на северном направлении при Президенте Республики Корея Сон Ен Гилем.[11]

Руководство Республики Корея рассматривает Приморье в качестве самого важного экономического партнера в России и планирует достигнуть больших результатов в развитии двустороннего сотрудничества. По мнению Сон Ен Гиля, наиболее перспективным при организации нового круизного маршрута будет соединение Владивостока с такими туристскими территориями, как Пусан и Кангвон. В марте 2018 г. делегация провинции Кангвон планирует посетить Владивосток для подписания плана мероприятий по сотрудничеству между Приморским краем и провинцией Кангвон на 2018 г. Сотрудничество Приморского края с провинцией Кангвон началось с мая 1998 г.

Приморский край участвует в работе Саммита по международным связям и сотрудничеству региональных администраций стран Северо-Восточной Азии и Ассоциации региональных администраций стран Северо-Восточной Азии. В 2017 г. вступил в силу федеральный закон об электронной визе, в соответствии с которым в Приморье

---

11) Южнокорейские инвесторы реализуют на Дальнем Востоке проекты на сумму 400 миллионов долларов. //Официальный сайт Администрации Приморского края и органов исполнительной власти Приморского края. http://www.primorsky.ru/news/140952/ 5 марта 2018.

въехали около четырех тысяч гостей из тринадцати стран. В результате в 2017 г. возросло число заходов в Приморье судов южнокорейского туроператора Lotte Tour Development Co. и компании Costa Group Asia. С 2016 г. был запущен паром, связавший Владивосток с городами Южной Кореи и Японии. Судно курсирует по маршруту Владивосток -Донхэ - Сакаиминато еженедельно.

Таким образом, можно утверждать, что процесс формирования транснационального пространства успешно развивается.

Россия и Республика Корея имеют все объективные предпосылки для успешного развития взаимовыгодных экономических и торговых отношений. Ниши и сферы приложения усилий сторон определены в совместных документах. Несмотря на имеющиеся трудности, Сеул имеет уникальную возможность существенно укрепить свои позиции на российском рынке, а также в производственных и научных сферах сотрудничества, представляющих наибольший интерес для Южной Кореи. Это сотрудничество отвечает и национальным интересам России, а также целям поддержания относительной стабильности на Корейском полуострове.

В сложившихся условиях возможны пока лишь относительно небольшие, пилотные программы (например, в специальных экономических зонах КНДР), тогда как масштабные энергетические и транспортные проекты, предполагающие многомиллиардное финансирование и долгосрочное трехстороннее сотрудничество РК, КНДР и РФ требуют гораздо более позитивных условий с точки зрения уровня обеспечения на Корейском полуострове безопасности, политической стабильности и прозрачности коммерческой деятельности.

Таким образом, исходя из своих стратегических интересов, Россия выступает поборником всестороннего развития межкорейских отношений. В нынешних условиях глубина экономических и политических отношений, степень гуманитарных и культурных связей, а также достигнутый уровень доверия, сложившийся между Москвой и Сеулом гораздо глубже и прочнее, чем между Москвой и Пхеньяном.

В условиях сложившихся геополитических факторов, любые транснациональные связи корейцев, живущих на Юге и на Севере Корейского полуострова, провинции Цзилинь КНР, Приморского и Хабаровского краёв, могут способствовать формированию сильной пан-корейской идентичности, которая может сохраниться несмотря на растущую напряженность и конфликтность.

Одним из примеров является празднование нового года по лунному календарю, по инициативе Валентина Пака. Генконсулы КНДР И Республики Корея в 2018 г. в шестнадцатый раз собрались за дружеским столом в Артеме в честь Восточного Нового года. В декабре 2017 г. Валентину Паку, председателю Думы Надеждинского района, члену Союза писателей России, было присвоено звание почётного профессора Яньбяньского государственного университета - за вклад в развитие научных исследований, международных связей. Церемония награждения состоялась в стенах вуза в городе Яньцзи (КНР).[12]

В данном случае, конструктивисткое направление в теории международных отношений предлагает концептуальные интерпретации, которые могут позволить проанализировать сложившуюся ситуацию. Первоначально фокусируясь на роли, которую играют национальные идентичности по сравнению с этническими в процессе международного и транснационального сотрудничества, представители конструктивизма в действительности готовы к построению более углубленного понимания идентичности. Опираясь на то, что идентичности не ограничиваются анализом на уровне государственной принадлежности, а также индивидуальным уровнем. И отмечают степень «этнографической чувствительности» в тех случаях, когда члены одной этнической группы могут сознательно поддерживать общение и формировать тем

---

12) Лариса РЕКОВА. Валентин Пак стал почетным профессором. http:// ytro-vostoka.ru/103/Novosti/Valentin_Pak_stal_pochetnim_professorom/

самым общую транснациональную идентичность.[13)]

Изучение тематики транснационального сотрудничества корейской диаспоры на российском Дальнем Востоке и Корейском полуострове в условиях значительной разницы экономического развития, разных национальных интересов, смены состава правительства как результата демократических выборов, периодов взлетов и падений сотрудничества, может помочь понять подводные течения, которые формируют процессы сотрудничества корейской диаспоры на основе исторических оснований и создания нового транснационального пространства, основанного на общих культурных корнях и ценностях.

Такие объединяющие культурные факторы могут внезапно возникнуть на фоне обострения напряженности, как это происходило в конце 2017 г. Наглядным примером подобных явлений является события, произошедшие на зимних Олимпийских играх 2018 года, когда Юг и Север прошли на церемонии открытия Олимпиады под Флагом Объединения, который представляет собой белое полотнище с изображенным на нем синим контуром Корейского полуострова. В начале 2000-х годах совместное участие КНДР и Республики Корея в Олимпиаде

---

13) Hopf, Ted. "Making It Count: Constructivism, Identity, and IR Theory" in T. Hopf and B. Allan eds., Making Identity Count: Building a National Identity Database. Oxford, UK: Oxford University Press, 2016.

ограничивалось проходом единой делегации на церемонии открытия. На этот раз стороны договорились о том, чтобы выставить единую команду в женском хоккее. Среди туристов из Приморского края были представители корейских общественных организаций. Интересный сюжет был связан с участием Олега Пака. Американское издание ABC News опубликовало статью об Олимпийских играх в корейском Пхенчхане, в которой главный врач Медицинского центра ДВФУ Олег Пак был представлен как националист. «Международный олимпийский комитет не может запретить нам поддерживать нашу команду. Даже если мы будем называться олимпийскими болельщиками из России. Почему нет? Для нас это не имеет значения. Сборная России, олимпийские спортсмены из России – это то же самое. Мы – русские», – приводит издание слова приморца.[14]

Можно утверждать, что после распада СССР в сознании российских корейцев произошёл поворот к этническому самоопределению. Этому явлению способствовала в том числе и государственная поддержка национально-культурных объединений, которые занимались возрождением национальной культуры и традиций. Переселявшиеся в начале 1990-х гг. в Россию корейцы выбирали местом своего жительства места, где они

---

[14] Олег Пак: «Правильнее было назвать меня российским патриотом, а не националистом». http://primpress.ru/article/23829

проживали изначально, главным образом – Приморский край и Хабаровский край. Важным событием стало решение Верховного Совета России «О реабилитации российских корейцев» 1993 г., согласно которому корейцы получили право вернуться в те места, где проживали до депортации в 1937 г. Вернувшимся на российский Дальний Восток корейцам оказывалась финансовая поддержка на восстановление экономики и возрождение национальной культуры не только со стороны российских властей, но и различных общественных организаций Республики Корея.

В 1990-е годы рост численности корейцев в Приморье сопровождался этнической консолидацией, чему способствовала идея сохранения национальной культуры, обретения утраченной родины. Развитию национальной общины способствовала активная деятельность корейской экономической элиты, получение финансовой помощи от различных организаций и компаний из Республики Корея. Например, Центры просвещения Республики Корея ведут деятельность во Владивостоке, Хабаровске и Южно-Сахалинске.

В начале 1990-х годов была популярна идею создания национально-территориальной автономии корейцев в Приморье, но из-за сложной внутренней ситуации в России и ухудшения политического климата в дальневосточном регионе, несовершенства законодательства в области внешних миграций создание автономии российских корейцев оказалось невозможным. А поскольку реальные условия для реализации одной из групп мотиваций переселения отсутствовали, то масштабы переселения также оказались меньше, чем предполагали лидеры корейской диаспоры.

В последние годы происходит интенсификация международныхконтактоввовсехсферахжизнедеятельности российских корейцев, в том числе и в отношении связей корейских организаций с «исторической родиной», как с Республикой Кореей, так и с КНДР. Общественные организации российских корейцев регулярно проводит фестивали корейской культуры, организуют поездки, как в Южную Корею, так и в Северную Корею, приглашают из РК и КНДР деятелей искусства для обучения традиционному музыкальному и танцевальному искусству.

Корейскую диаспору по праву можно считать действенным механизмом "мягкой силы". Российские корейцы, проживающие на территории российского Дальнего Востока, способствуют развитию культурных, экономических и политических связей со странами Корейского полуострова и активно развивают межрегиональные и международные связи, проводят научно-практические конференции, в том числе и в сотрудничестве с фондами Республики Кореи.

Например, 15 сентября 2017 г. в Дальневосточном отделении Российской академии наук состоялся международный симпозиум «1937 год: Русскоязычные корейцы – прошлое, настоящее и будущее», посвященный 80-летней годовщине принудительного переселения корейцев с Дальнего Востока в Центральную Азию. В симпозиуме приняли участие преподаватели и научные сотрудники, представляющие отечественные, и зарубежные образовательные и исследовательские центры, а также представители общественных объединений России, стран СНГ, КНР и Республики Корея.[15]

Организаторами симпозиума стали Общероссийская общественная организация «Общероссийское объединение корейцев» (г. Москва), Дальневосточное отделение Российской академии наук, Институт истории, археологии и этнографии народов Дальнего Востока ДВО РАН, Общественная организация «НКА корейцев Приморского края» (г. Уссурийск), Фонд зарубежных корейцев (OKF) Республики Корея, Фонд помощи этническим корейцам имени Чве Джэ Хёна, Центра международных исследований университета Донгук (Сеул, Р. Корея) и Институт культуры провинции Чолладо при Университете Чонбук (Чонджу, Р. Корея). Цель симпозиума: выявление особенностей и

---

[15] Международный симпозиум «1937 год: Русскоязычные корейцы – прошлое, настоящее и будущее». http://ihaefe.org/news/5111

специфики развития этнических общностей в многонациональном СНГ, укрепление взаимодействия между центрами корееведения стран СНГ и содействия в поддержании мира и согласия на Корейском полуострове, а так же развитие и укрепление политики гармонизации межэтнических отношений в обществе; воспитание культуры межэтнического общения.

В настоящее время для корейцев характерен высокий образовательный, имущественный и социальный статус. Авторское исследование показало, что в Приморском крае корейцы входят в число научной, предпринимательской и административной элиты региона.

В результате развития этих процессов постепенно формируются транснациональные практики и даже транснациональные социальные пространства. Разумеется, что эти явления не следует отождествлять с простым развитием международных связей или с глобализацией. Эти феномены предполагают ситуацию, в которой индивид, этническая группа или организация находятся одновременно «здесь и там», в двух разных социальных пространствах и/или повседневных мирах.

Всё более частые и усиливающиеся транснациональные практики на российском Дальнем Востоке приводят к формированию транснациональных социокультурных пространств, в которых этнические корейцы, вне этнических, культурных, религиозных, социальных, гендерных и других характеристик, становятся важной частью развития социума. А международные события и проекты, создаваемые этими сообществами, в которые включены массы людей на разных уровнях бытия, определяют направленность самых разнообразных ветвей развития: экономического, политического, социокультурного характера.

При этом транснационализм проявляется в разных формах и с разной степенью интенсивности. от простого обмена благами, капиталами, услугами и прочими видами, до образования устойчивых организаций и сообществ. Транснационализм связан с существованием «поверх» региональных границ и в более широком смысле. Следует отметить, что анализ транснациональных феноменов часто связывают с исследованиями миграции, однако они могут существовать и вне миграционных процессов, например, в транснациональных компаниях, сетях общения, религиозных организациях и т. д.

Заключение

Внешнеполитические стратегии Республики Корея и Российской Федерации предполагают выстраивание взаимодействия с учетом диаспоральных интересов. При этом российские корейцы являются устойчивым сообществом с многоуровневой идентичностью, где отчетливо представлена гражданская российская составляющая и слабо выражены миграционные установки по отношению к Республике Корея.

Современная корейская диаспора на Дальнем Востоке стала формироваться с 1950-х гг. после аннулирования дискриминационных ограничений и начала массовых переселений корейцев в масштабах СССР. За несколько десятилетий происходил стабильный рост численности, для которого был характерен высокий уровень социальной мобильности, значимый социально-экономический статус и высокая степень интегрированности в региональное сообщество. Можно утверждать. Что корейская диаспора основана на либеральных началах. Российские корейцы не создают из своей культуры закрытую группу, а стараются привить к ней дружбу и уважение, и этот подход позволяет отметить успешное достижение этой цели. Такие методы работы национальных корейских институтов привлекают не только этнических корейцев, но и людей, интересующихся культурой, языком и обычаями Кореи.

Этническая идентичность дальневосточных корейцев имеет устойчивый характер, несмотря на нивелировку ряда этнодифференцирующих признаков и локализацию их в семейно-бытовой сфере. С установлением дипломатических отношений между Россией и Республикой Корея культура российских корейцев Приморского края, Хабаровского края, Амурской области вышла в публичную сферу и стала одним из элементов межкультурного диалога в многонациональном российском обществе. Растет культурная активность корейцев. По инициативе общественных корейских организаций стали возникать школы и музеи, выпускать периодические печатные издания, особую помощь в этом деле оказывает посольство Республики Корея. Сейчас каждая корейская организация или общество имеет свой ансамбль песни и танца, уже традиционным стало проведение национальных праздников.

Владение национальным языком является важным составным элементом этнической идентичности и в то же время важным средством сохранения этничности. Хотя большинство корейцев, проживающих в Приморском и Хабаровском краях, не говорят на своём языке. Но это обстоятельство не мешает им сохранять корейскую идентичность. Это показывает, что национальный язык, считающийся одним из самых важных составных элементов в сохранении этнической идентичности, может выпадать из составных элементов этнической идентичности и не быть важным. При этом эта форма этничности продолжает передаваться из поколения в поколение. Причина, по которой этничность и этническая идентичность в такой ситуации все еще продолжают транслироваться, заключается в том, что в истоках корейской этничности лежит историко-генетическая и кровно-линейная этнокультурная память.

Попытки дать формальную характеристику структуре идентичностей корейцев Приморского края и Хабаровского края на основе анкетирования, проведенного в 2017-2018 гг., приводят к выводу, что самооценка корейцев за находится в рамках показателей здоровой этнической группы, развивающейся по типу интеграции. Интеграционные процессы XX в. привели к сближению корейцев Дальнего Востока с российской государственностью и культурой. В результате возникла культурная дистанция с исторической родиной. Однако в ходе активных государственных диаспоральных практик Республики Корея в сфере культуры, образования и экономики и ее «мягкого влияния» происходит актуализация этнической идентичности корейцев в регионе.

Высокая адаптивность и способность к самоорганизации изначально отчетливо была представлена в истории корейцев России с момента их появления в пределах государства 153 года назад. Первые корейские общественные организации начала XX в. носили ярко выраженный политических характер и ставили перед собой задачу борьбы за независимость Кореи. Затем фокус общественных интересов сместился в сторону адаптации к условиям принимающего общества. Так появились корейские революционные советы, колхозы и прочие институции.

Долгий период стагнации в общественном движении сменился подъемом в конце 1980-х- начале 1990-х гг. Деятельность общественных организаций российского Дальнего Востока и прежде всего корейских национально-культурных автономий была направлена на консолидацию сообщества, восстановление утерянных элементов культуры и на эффективное взаимодействие с институтами власти.

Одним из стимулирующих факторов этого процесса

стало активное участие Республики Корея в формировании диаспоральных практик и институтов. В результате «мягкого влияния» в среду дальневосточных корейцев транслировались универсальные для глобального корейского сообщества культурные маркеры. Постепенно происходило моделирование культуры дальневосточных корейцев, которые частично утратили традиции и язык в ходе интеграции в российское общество, по южнокорейскому образцу. Происходило конструирование этнической идентичности вокруг символов традиционной корейской культуры. Одновременно на фоне роста престижа Республики Корея в мировом и российском пространстве культура корейцев Приморского и Хабаровского краёв начала активно транслироваться в региональное сообщество.

Публичная презентация корейских праздников, художественных традиций, кулинарии, исторического наследия встречает позитивную реакцию регионального полиэтничного сообщества. Кухня российских корейцев становится общеизвестной, а в последние годы с появлением северокорейских ресторанов во Владивостоке и Хабаровске позволяет привлечь большее внимание потребителей. Корейские творческие коллективы принимают участие в культурных мероприятиях, которые регулярно проводятся в регионе.

Анализ этносоциальных и этнополитических реалий Сибири и России показал, что корейцы Приморского и Хабаровского краёв и на рубеже XX–XXI вв. становятся активными акторами межгосударственных, дипломатических отношений двух стран. Они участвуют в налаживании международной торговли и экономического сотрудничества. В транснациональном диалоге корейцы Приморского и Хабаровского краёв выступают в роли посредников в развитии экономических, политических, научных и культурных обменов.

При этом региональное корейское сообщество сохраняет устойчивость, что проявляется в отсутствии тенденции к репатриации на Корейский полуостров. Следует заметить, что и диаспоральная политика РК не предполагает репатриацию зарубежных соотечественников, ее главной целью является формирование партнерских корейских этнических сообществ за рубежом и активное взаимодействие с ними.

В ходе исследования удалось установить, что южнокорейская политика по привлечению зарубежных соотечественников соответствует общемировым тенденциям и логике взаимовыгодного сотрудничества. Сбалансированная диаспоральная политика РК главным образом направлена на создание статуса зарубежных соотечественников в принимающих обществах для дальнейшего использования их потенциала в осуществлении национальных интересов страны.

Позиция России также учитывает способность этнических сообществ к самоорганизации и к мультикультурному диалогу. Однако для эффективного диаспорального взаимодействия необходима более четкая роль российского правительства в организации транснационального сотрудничества в условиях меняющегося мироустройства с растущей в нем ролью диаспор. В этом смысле опыт системной характеристики корейское сообщество Приморского и Хабаровского краёв, сохраняя глубокую интегрированность в российское общество, постепенно превращается в часть мировой корейской диаспоры.

Библиогра́фия

1. Бугай Н.Ф. Российские корейцы: перемены, приоритеты, перс пектива. – М.: 2014. – 456 с.

2. Бугай, Н.Ф. Корейцы в СССР: из истории вопроса о националь ной государственности // Восток. 1993. №2. С. 152.

3. Ващук А.С.,Чернолуцкая Е.Н., Королёва В.А, Дудченко Г.Б., Гер асимова Л.А. Этномиграционные процессы в Приморье в XX веке. Владивосток: ДВО РАН, 2002. – 228 с.

4. Волкова Т.В. Российские корейцы: к вопросу о самоидентифи кации. //Этнографическое обозрение, 2004, № 4. С. 27- 42.

5. Всероссийская перепись населения 2010. [Электронный ресур с]. URL http://www.gks.ru/free_doc/new_site/perepis2010/croc/perepis_itogi1612.htm

6. Дин Ю. И. Корейская диаспора Сахалина: проблема репатриа ции и интеграция в советское и российское общество. Ю жно-Сахалинск: ОАО Сахалинская областная типография, 2015 – 332 с.

7. Забровская, Л. В. Российские корейцы и их связи с родиной п редков (1990—2003 гг.) // Проблемы Дальнего Востока. - 2003. - № 5.

8. «Истинно русский кореец». Интервью Яны Коноплицкой. //Но вости, 12 августа 2005 г.// [Электронный ресурс]. URL http://daily.novostivl.ru/archive/?sstring=&year=&f=sz&t=0508 12sz02. Дата обращения [19 января 2018 г.].

9. Ким, А. С. Транснациональность корейской диаспоры в Дальн евосточном регионе // Пространственная экономика. – 2006. – Вып. 4. – С. 123-133.

10. Ким, Е. В. Российские корейцы: грани этнической идентичн ости // Азия и Африка сегодня. – 2013. – Вып. 2. – С. 52-56.

11. Киреев А.А. Корейцы на российском Дальнем Востоке: диасп ора или субнациональная общность? // Известия Восточн ого института. 2012, № 1. С. 57-69.

12. Нам С. Г. Из истории корейской общины на Дальнем Восток е (20-ые годы). // Проблемы Дальнего Востока. 1993, № 2, с. 170.

13. Ли Н.А. Условия и барьеры социокультурной интеграции кор ейской субобщности на Юге России. // Теория и практика общественного развития. 2013, № 9, с. 39-42.

14. Корейцы на российском Дальнем Востоке (вт. пол. XIX – нач. XX вв.). Документы и материалы. – Владивосток: Изд-во Д альневост. ун-та, 2001. – 380 с.

15. Пак Б. Д. Корейцы в Российской империи. Иркутск, 1994.

16. Петров А.И. Корейская диаспора на Дальнем Востоке России 60-90-е годы XIX века. – Владивосток: ДВО РАН, 2000. – 304 с.

17. Петров А.И. Корейская диаспора в России. 1897-1917 гг. – Вла дивосток: ДВО РАН, 2001 – 400с.

18. Позняк Т.З. Иностранные подданные в городах Дальнего Вос тока России (вторая половина XIX - начало XX в.). Владив осток, Дальнаука, 2004.

19. Тишков В.А. Реквием по этносу: исследования по социально-культурной антропологии. – М.: Наука, 2003.

20. Торопов А.А. К вопросу о депортации корейского населения. // Политические репрессии на Дальнем Востоке СССР в 1920-1950-ые годы: Материалы первой науч.-практ. конф. Владивосток: Изд-во Дальневост. Ун-та, 1997.

21. Тощенко, Ж. Т., Чаптыкова Т.И. Диаспора как объект социоло гического исследования // Социологические исследовани я. 1996. № 12. с. 33-42.

22. Троякова, Т. Г. Корейская деревня в Приморье: один из проек

тов национального возрождения// Этнографическое обоз
рение. - 2008. - № 4. - С. 37-43.

23. Троякова Т.Г. Региональная политика и трансграничные миг
рации в Приморском крае. С. 391- 436. // Россия двухтыся
чных: Стереоскопический взгляд. Под ред. Генри Хейла и
Ивана Куриллы. М.: Планета, 2011.

24. Anderson, Benedict. Imagined Communities. Reflections on the
Origins and Spread of Nationalism. London: Verso
Books,1983.

25. Brubaker Roger. The 'diaspora' diaspora // Ethnic and Racial
Studies. – 2005. – Vol. 28. – No. 1. P.11-19.

26. Hopf, Ted. "Making It Count: Constructivism, Identity, and IR
Theory" in - T. Hopf and B. Allan eds., Making Identity Count:
Building a National Identity Database. Oxford, UK: Oxford
University Press, 2016.

[Приложение 1] Аналитическая записка к анкете «Российские корейцы в Приморском крае

Проведено в апреле-мае 2017 г. (бумажный вариант).

В ходе анкетирования были опрошены 212 российских корейцев, проживающих на территории Приморского и Хабаровского края. При этом 92% из них проживает в городах, а остальные в других поселениях.

Возрастной охват респондентов: представлены возрастные группы с 1925 года по 2003 год рождения. Процентное соотношение разных возрастных категорий достаточно равномерное (см. таб. 1), что является важным

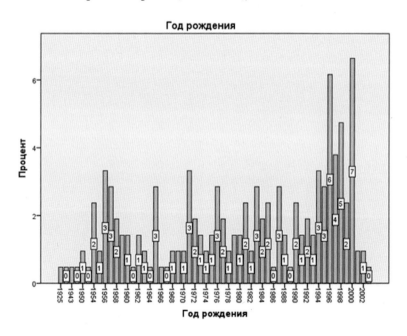

для данного исследования, посвященного формированию национальной идентичности.

В числе разнообразных вопросов, направленных на выяснение идентичности российских корейцев, были заданы вопросы и по отношению респондентов к Республике Корея и КНДР.

При этом следует отмтетить, что среди опрошенных только 20% относятся к работникам государственных учреждений, 41% работают в частных компаниях, а другие уже пенсионеры или учащиеся. Выборка представлена респондентами со средним (52,8%) и с высшим (44,8%) образованием.

По месту рождения респондентов: преобладает группа, родившихся в республиках Средней Азии 21,9%. Во Владивостоке - 12,7%, в Хабаровском крас - 19,8%, в Сахалинской области - 17,9%. В Пусане и Сеуле – 1.9% и Северной Корее по 1,9% опрошенных, а в Китае – 0,5%.

Эти результаты интересно сравнить с географией места рождений родителей опрошенных: 4,3% родителей респондентов родились в Южной Корее и 9,5% в Северной Корее. Эти результаты коррелируют с возрастным показателем выборки и фиксируемой миграционной волной российских корейцев.

На вопрос «Что вы считаете своей Родиной?» 48% опрошенных обозначили страну рождения. Если провести корреляцию с процентным соотношением мест рождения интервьюируемых, 73,8% из которых родились в России, то можно сделать вывод, что большинство опрошенных, считают Россию своей родиной. Землю предков или историческую родину считают родиной 14% опрошенных и 2% опрошенных затруднились ответить на этот вопрос.

По вопросу об общественной активности респондентов выяснилось, что 73% не принимает участия в деятельности каких-либо организаций. Только 8% респондентов принимают участие в деятельности общественных организаций российских корейцев, и 4% участвуют в деятельности религиозных организаций.

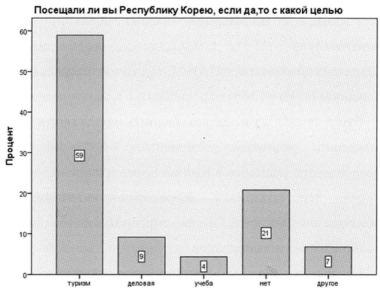

Посещали ли вы Республику Корею, если да,то с какой целью

Большинство респондентов посещали Республику Корея с разными целями. При этом посещение с целью туризма преобладает. См. таблицу 2:

Эти показатели контрастируют с цифрами посещаемости Северной Кореи (см. таб. 3). Следует заметить, что в Приморском и Хабаровском крае, где проживает большинство интервьюируемых, исторически больше выходцев из Северной Кореи, с которой сегодня практически не поддерживают связей.

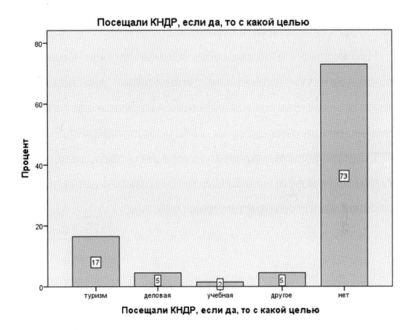

Отвечая на вопрос «Есть ли у вас родственники в Южной Корее? Чем они там занимаются?» - 27% ответили, что родственников в этой стране у них нет. Но большая группа респондентов ответили на вопрос положительно и смогли сказать, чем родственники занимаются в Южной Корее.

На вопрос о наличии родственников в Северной Корее - 79% ответили отрицательно, а 17% положительно.

На вопрос «Поддерживаете ли вы деловые отношения с бизнесменами из Южной Кореи?» положительно ответили 19% респондентов, отрицательно 80%. На аналогичный вопрос «Поддерживаете ли вы деловые отношения с бизнесменами из КНДР?» положительно ответили 3% респондентов, отрицательно 97%.

На вопрос «Должна ли Южная Корея оказывать экономическую поддержку корейским диаспорам и странам, где они проживают?» положительно ответили 29% респондентов, отрицательно 27%, не задумывались 33%.

Таким образом, можно утверждать, что отношение российских корейцев к КНДР требует дальнейших усилий по укреплению сотрудничества.

[Приложение 2]

Уважаемый респондент!

Просим Вас принять участие в опросе, проводимом в рамках проекта о формировании идентичности российских корейцев. Результаты исследования будут использованы при подготовке специальной книги о российских корейцах на Дальнем Востоке России.

Ваше участие в исследовании будет полезным для написания книги и позволит продолжить дальнейшее изучение этой темы.

Данные анкеты будут использованы только для научных целей, и не будут передаваться никаким другим организациям или людям.

Заранее благодарим за участие!

Благодарим за оказанную помощь в проведении социологического исследования

1. Укажите Ваш год рождения

2. Укажите Ваше место рождения (например, Ташкент, Узбекистан)

3. Укажите место рождения Ваших родителей

4. Какую страну Вы считаете своей родиной?

1) страна рождения

2) страна настоящего проживания

3) историческая родина (пожалуйста, определите: _____)

4) трудно сказать

5. Укажите Ваше образование

    1. Неполное среднее

    2. Общее среднее

    3. Среднее специальное

    4. Неполное высшее

    5. Высшее (название) – техническое, инженер

    6. Два и более высших

    7. Дополнительное - ученая степень, к.т.н

6. Укажите образование Ваших родителей

    1. Неполное среднее

    2. Общее среднее

    3. Среднее специальное

    4. Неполное высшее

    5. Высшее (название)

    6. Два и более высших

    7. Дополнительное

7. В каком населенном пункте Вы проживаете?

    1. Город

    2. Поселок

    3. Другое (пожалуйста, определите: _____)

8. Как долго Вы проживаете в данном населенном пункте?

9. Укажите Ваше место работы

1. Государственное учреждение

2. Частная компания

3. Другое

10. Укажите Вашу должность

11. Укажите Ваш семейный статус

1. женат/замужем, проживаю вместе с семьей

2. женат/замужем, но с женой/мужем не проживаю

3. живу в незарегистрированном гражданском браке

4. разведены

5. вдовец (вдова)

6. не женат/не замужем

12. Какова национальность Вашего супруга?

1. Кореец

2. Другая (пожалуйста, укажите: _____)

13. Какими языками Вы владеете?

1. Русский

2. Корейский

3. Другой (пожалуйста, укажите: _____)

14. Какие языки Вы учите?

1. Русский

2. Корейский

3. Другой (пожалуйста, укажите: _____)

15. Какие языки Вы хотите выучить?

1. Русский

2. Корейский

3. Другой (пожалуйста, укажите: _____)

16. Какие обычаи Вы соблюдаете?

1. корейские

2. российские

3. другие

4. не соблюдаю

17. Какие праздники Вы отмечаете?

1. корейские

2. российские

3. другие

18. Принимаете ли Вы участие в деятельности общественных организаций? (если нет, то переходите к вопросу 20)

1. Да

2. Нет

19. Подчеркните организации, в которых Вы принимаете участие

1. Общества российских корейцев (пожалуйста, укажите: _____)

2. Религиозные организации (пожалуйста, укажите: _____)

3. Политические партии (пожалуйста, укажите: _____)

4. Другие – (пожалуйста, укажите: _____)

20. Укажите сообщество, с которым Вы чувствуете основную связь?

1. Сообщество по стране проживания

2. Этническое сообщество

3. Религиозная группа

4. Профессиональное сообщество

5. Моя семья

6. Затрудняюсь ответить

7. Другое (пожалуйста, укажите: _____)

21. Посещали ли Вы Республику Корею (если нет, то переходите к вопросу 23) ?

1. Да

2. Нет

22. С какой целью Вы посещали Республику Корею?

1. Туризм

2. Деловая

3. Учеба

4. Другое (пожалуйста, укажите: _____)

23. Есть ли у Вас родственники в Южной Корее? (если нет, то переходите к вопросу 25)

    1. Да

    2. Нет

24. Укажите род занятий Ваших родственников в Южной Корее

    1. Учатся в ВУЗе

    2. Учатся и работают

    3. Работают

    4. Не работают

    5. Пенсионер

    6. Другое (пожалуйста, укажите: _____)

25. Поддерживаете ли Вы деловые отношения с бизнесменами из Южной Кореи?

    1. Да

    2. Нет

    3. Другое (пожалуйста, укажите: _____)

26. Как Вы считаете, должна ли Южная Корея оказывать экономическую поддержку корейским диаспорам и странам, где они проживают?

    1. Да

    2. Нет

    3. Не задумывался

    4. Затрудняюсь ответить

    5. Другое (пожалуйста, укажите: _____)

27. Посещали ли Вы КНДР? (если нет, то переходите к вопросу 29)

1. Да

2. Нет

28. С какой целью Вы посещали КНДР?

1. Туризм

2. Деловая

3. Учебная

4. Другое (пожалуйста, укажите: _____)

29. У вас есть родственники в Северной Корее?

1. Да

2. Нет

3. Другое (пожалуйста, укажите: _____)

30. Поддерживаете ли вы деловые отношения с бизнесменами из КНДР?

1.Да

2. Нет

3. Другое (пожалуйста, укажите: _____)

31. Читаете ли произведения корейских авторов, газеты, книги? Если да, то, на каком языке?

1.Русском

2. Корейском

3. Другое (пожалуйста, укажите: _____)

32. Смотрите ли Вы корейские фильмы? Если да, то, на каком языке?

1. Русском

2. Корейском

3. Другое (пожалуйста, укажите: _____)

Часть 3

Молодёжные организации российских корейцев Приморского и Хабаровского краёв

Введение

Реалии современной жизни на российском Дальнем Востоке задают вызовы и создают предпосылки для объединения корейской молодёжи в разнообразные группы и организации. Такое объединение является сплачивающим фактором, формирующим коллективное сознание участников группы молодых российских корейцев, базовые понятия о совместной ответственности на индивидуальном, групповом и общественном уровнях.

Молодежные организации призваны направлять энергию и энтузиазм юношества и молодежи. Многие из них помогают развивать способности и навыки молодых людей в различных отраслях от спорта до гражданской активности. Следует отметить, что молодёжные организации являются всего лишь инструментом, позволяющим влиять на молодёжь, которая рассматривается как объект воздействия государства.

Процесс оформления молодежного движения России, начавшийся в начале 1990-х годов, основанный на многообразии форм и широте, возможностей для выбора молодым человеком своей организации, в. настоящее время практически завершен. Молодежное движение России отличается широким спектром направления деятельности: спортивное, политическое, творческое, экологическое и другие. Характерные особенности молодёжных объединений заключаются в стремлении молодёжи развить какую-то новую точку зрения на своё положение в обществе и на свои права, точку зрения, основанную на желаниях и надеждах. Молодежные движения направляют свою деятельность на самые различные сферы общественной жизни.

В данной работе рассматриваются различные сюжеты приобщения молодых людей к деятельности организаций, специфика молодёжной социализации, вопросы лидерства, сотрудничества с действующими национально-культурными организациями российских корейцев в Приморском и Хабаровском краях. Выявляются особенности организационного ядра движения – молодёжного центра, его структурное строение, механизм функционирования, обеспечивающий основные направления работы – организационное и информационное.

Предлагается набор практик, тематик, мероприятий,

которые реализуются в работе молодёжных организаций в Приморском и Хабаровском краях на современном этапе. Оговариваются вероятные риски, связанные с совмещением статусной позиции лидера, с различным воздействием группы на отдельного участника на основе проведенных интервью с молодыми людьми и публикациях в газетах и сайтах.

Цель данной работы заключается в определении причин возникновения молодёжных организаций российских корейцев и приобщения к их деятельности широких групп участников, рассмотрении структурных особенностей и системы организации работы, порядка и направлений функционирования, возможных форм работы в них.

Глава 1

Особенности развития молодёжных групп и организаций корейской молодёжи на российском Дальнем Востоке

Для последних десятилетий развития российского Дальнего Востока характерны позитивные и негативные процессы развития. Российский Дальний Восток, занимая окраинное географическое положение, выполняя преимущественно традиционные транзитные функции и развивая собственное производство, играет важную экономическую и политическую роль в СВА. В то же время при слабой заселенности, депопуляция и миграционный отток, привели к сокращению населения. Дальневосточный федеральный округ стал территорией социально-демографического неблагополучия. Стратегической целью модернизации Дальнего Востока является формирование развитой экономики и комфортной среды проживания для реализации геополитической задачи закрепления населения на Дальнем Востоке.

Особенности развития молодёжных групп и организаций корейской молодёжи на российском Дальнем Востоке являются отражением востребованности общественных организаций в конкретной исторической ситуации. Речь идёт о различных аспектах влияния глобализации, миграции, демографии, идентичности и т. д. Еще десятилетие назад бытовало мнение, что глобализация, унификация культуры и развитие личностного индивидуализма постепенно приведут к нивелировке этнических факторов в жизни людей. Но одновременно в мире развернулись процессы, связанные со стремлением многих народов сохранить свою самобытность, подчеркнуть уникальность их культуры и национального характера. В современном обществе не уменьшается, а в ряде случаев даже возрастает роль этнического фактора, происходят процессы этнического возрождения. При этом наблюдается феномен почти одновременного подъема этнической идентичности у диаспор и роста интереса к диаспорам.

Можно говорить о дезориентации личности, которая

выражается в определенной утрате этнических основ российских корейцев и особенно молодёжи. Стоит привести отрывок из интервью Павла Эма, данное Светлане Ким в декабре 2018 г. На вопрос про идентичность Павел Эм сказал: «Я помню, что в детстве, когда мне было 10-12 лет и папа смотрел спортивные соревнования, я всегда болел за Корею, объясняя это тем, что мы корейцы, поэтому мы должны болеть за Корею и всегда удивлялся, почему папа болеет за Россию (смеётся). А сейчас я понимаю, что патриархальные общественные правила, относимся с почтением к старшим, но в тоже время мы — русские. Мы получили российское образование, окончили российские высшие учебные заведения, можно сказать, прошли русскую школу жизни. Поэтому мы такие, 50 на 50. В нашей жизни есть такой парадокс: мы чужие и здесь, и там. В Корее на нас смотрят немного свысока, в России я чаще всего слышал в свой адрес, что я китаец, несмотря на то, что я родился в этой стране, являюсь полноправным членом общества, все-таки я остаюсь чужим как для корейцев, так и для россиян».[1] Примечательно, что Павел Эм по роду своей деятельности

---

[1] Светлана Ким 25. ДЕКАБРЯ 2018 АВТОР: KOREUSARAM Павел Эм, об актуальном положении этнических корейцев в Корее и процессах глобализации, кандидат географических наук, Нидерланды, Амстердам; https://koreusaram.wordpress.com/2018/12/25/%D0%BF%D0 %B0%D0%B2%D0%B5%D0%BB-%D1%8D%D0%BC-%D0%BE%D0%B1- %D0%B0%D0%BA%D1%82%D1%83%D0%B0%D0%BB%D1%8C%D0%BD %D0%BE%D0%BC-%D0%BF%D0%BE%D0%BB%D0%BE%D0%B6%D0% B5%D0%BD%D0%B8%D0%B8-%D1%8D%D1%82%D0%BD%D0%B8/

предпочитает заниматься научными исследованиями в Европе, хотя его диссертация была посвящена корейским городам.

Недостаточно констатировать информацию отрицательного свойства, гораздо сложнее найти эффективные способы её разрешения, которые бы адекватно отвечали потребностям сегодняшней сложной ситуации. На наш взгляд, такая возможность кроется в кредитовании молодого поколения, способствующем развитию юношей и девушек, их потенциала, в нахождении конструктивного направления их действий в столь непростых исторических условиях. Например, история формирования идентичности занимает длительное время и смену мест проживания. В ходе интервью девушка поделилась со мной сомнениями по выбору не только идентичности, но и профессии. Она единственная дочь в семье матери татарки и отца корейца, получила высшее образование в родном городе и в южнокорейском университете. В ходе пребывания в Южной Корее выучила корейский язык и могла работать, но спустя несколько лет вернулась в Россию. Нашла работу в Центре современного искусства во Владивостоке и решила заняться научной деятельностью в области культуры для чего запланировала получить стажировку в одном из американских университетов.

Нахождение конструктивного направления деятельности

молодых российских корейцев в столь непростых исторических условиях является сложной задачей. В Хабаровском крае общественная организация "Корейский национальный молодёжный культурный центр "КОРЁ" образовалась в 2003 г. А в Приморском крае в 2018 г. и при этом корейская молодежь принимала активное участие в деятельности Корейского культурного центра в Уссурийске. А Молодежное движение корейцев Москвы (МДКМ) образовалось в апреле 2017 г.

Реалии современной жизни задают вызов и создают предпосылки для объединения корейской молодёжи в многообразные группы и общественные организации. Такое единение является сплачивающим фактором, формирующим коллективное сознание участников группы, общие понятия о социокультурных ценностях, совместную ответственность на индивидуальном, групповом и общественном уровнях

Молодёжное движение представляет собой общественное начинание, во главе которого может находиться молодёжный лидер или заинтересованная группа людей. Их объединяет коллективная деятельность девушек и юношей по достижению общественно значимых целей, например, личностных, социальных, культурных и других. Например, в Хабаровске ежегодно проводится фестивали корейской культуры. Его организатором является Ассоциация корейских организаций Дальнего Востока и Сибири, Министерство культуры Хабаровского края и Ассамблеи народов России. Целью фестиваля является укрепление связей корейцев, проживающих на территории российского Дальнего Востока, с их исторической родиной. Каждый год фестиваль собирает по нескольку тысяч человек, включая участников и зрителей. Причем национальный состав не ограничивается только представителями корейской диаспоры города и края. К празднованиям присоединяются представители всех национально-культурных организаций, работающих в Хабаровске, и жители города. Среди почетных гостей присутствуют представители аппарата полпреда в ДФО, правительства Хабаровского края, администрации города Хабаровска, сотрудники дипломатических миссий и гости из Республики Корея и Корейской Народно-Демократической Республики.

Стремление быть причастным к молодёжной организации, участвовать в её деятельности объясняется рядом факторов.

Во-первых, в силу возрастных особенностей молодой человек стремится найти себя, свою нишу в этом огромном гетерогенном мире, идентифицировать себя и утвердить свою позицию. Он открывает возможности временной перспективы и выбирает свой путь. В годы учёбы происходит кризис самоопределения, необходимость понять себя, принять свою уникальность, в данном случае этническую – русский или кореец, нуждающуюся в доказательствах норму, определиться с иерархией ценностей, и эта задача решается по-разному.

Биография Сергея Муна, директора ООО «Центр развития робототехники» является хорошим примером. Он родился в 1986 г. в Партизанске и в 2003 г. закончил среднюю школу. По его словам, «Самой большой трудностью было выжить и при этом остаться честным и порядочным человеком. Нашей семье приходилось много работать на огороде и в поле. Иногда по 12–14 часов в день, особенно в летние месяцы. Мы были очень сплоченной семьей, поэтому и смогли преодолеть трудности. Учился я в обычной школе, окончил ее с серебряной медалью. Спасибо хорошим учителям, которые в непростое время сохранили в себе высокие человеческие качества и пытались передать их нам, своим ученикам».[2]

В 2008 г. окончил ДВГТУ по специальности «информационные системы и технологии», в 2013 г. — психолого-педагогический факультет ДВФУ. Работал бизнес-тренером по продажам, системным администратором, инженером в Институте проблем морских технологий ДВО РАН, заведующим лабораторией необитаемых подводных

---

[2] https://www.konkurent.ru/article/20485 7 ноября 2018 г.

аппаратов и их систем ДВГУ, с 2013 г. является заведующим сектором морской робототехники МГУ им. адм. Г. И. Невельского. Сергей Мун стал знаменит, когда в сентябре 2018 г. на Восточном экономическом форуме (ВЭФ) во Владивостоке рассказал президенту РФ Владимиру Путину о подводных роботах.

Во-вторых, подрастающее поколение испытывает огромную необходимость в социальном общении, в референтных группах, где оно может презентовать себя, проявить социальную активность. Интересна история Виктории Ким, автора мультимедийного документального проекта "Потерянные и найденные в Узбекистане: Корейская История". Виктория Ким рассказывает в интервью Светлане Ким: «У нас достаточно маленькая, но интернациональная семья, так как моя бабушка - русская, мама - наполовину кореянка, а вот дедушка был единственным корейцем». Виктория продолжает: «Я всегда говорю, что я из Узбекистана, что я центральная азиатка, частично русская и частично кореянка с корейской фамилией Ким. Мое происхождение - это мой основной фундамент и, несмотря на долгий опыт проживания за рубежом, я всегда физически, мысленно и душевно возвращаюсь в первую очередь в Узбекистан». «У меня присутствует большое желание передать свою фамилию следующему поколению. Мой муж по национальности мексиканец и в Мексике дети берут обе фамилии - отца и мамы. Поэтому я рада, что моя корейская фамилия Ким не потеряется, а передастся моим детям».[3]

В-третьих, с возрастными особенностями связана и другая причина прихода юношей и девушек в молодёжные центры – данная аудитория обладает огромным потенциалом эмоциональности, динамичности и независимости.

В-четвёртых, для молодёжи важно и то, что она стремится создать свой особый мир ценностей, обрести осмысленный значимый досуг, круг единомышленников и реализовать свой творческий потенциал. При этом достижение профессионального успеха не обязательно связано с принадлежностью к корейской общественной организации.

История Сергея Муна является таким случаем. Директор Центра развития робототехники в Приморье Сергей Мун, на всероссийском конкурсе "Лучшие практики наставничества" стал лучшим в номинации "Наставничество в образовании и кружковом движении". Конкурс прошел в рамках первого всероссийского форума "Наставник — 2018", который состоялся с 13 по 15 февраля в Москве. Сергей Мун представил практику "Сквозное наставничество в дополнительном техническом образовании на примере Центра развития робототехники" и одержал победу. Ранее

[3] http://gazeta.korean.net/history/7850ю По зову корейских корней 17.07.12
https://koryo-saram.ru/po-zovu-korejskih-kornej/

он получил Молодежную премию «Есть за что!».

В-пятых, молодёжная аудитория является чуткой и восприимчивой группой, которая легче справляется с информационным массивом, ориентируется в нём, открыта новому и согласна с инновационными взглядами на мир, первой воспринимает новые формы в общественной деятельности, в досуговой сфере, готова поддерживать позитивные или осуждать негативные явления.

Примечательна история Дмитрия Сергеевича Ляна, который родился в Узбекистане. В 2008 г. Дмитрий стал чемпионом мира по версии WASCO, соревнования проводились в Италии и тогда же ему поступило предложение развивать тхэквондо на Дальнем Востоке. Первый год он тренировал спортсменов во Владивостоке, а затем приехал в Находку.

Дмитрий Лян считает, что у него две родины по месту рождения и страна предков. Владеет узбекским и русским языками. Работает в Муниципальном учреждении Находки и Дальневосточном федеральном университете. Входит в состав Общественного совета при Отделе МВД России по городу Находке.[4] Относит себя к профессиональному

---

4) В Находке Приморского края полицейский и чемпион мира по тхэквондо провели зарядку для школьников. МИНИСТЕРСТВО ВНУТРЕННИХ ДЕЛ РОССИЙСКОЙ ФЕДЕРАЦИИ 17 мая 2018 Об этом сообщает Рамблер. Далее: https://sport.rambler.ru/other/39868846/?utm_content=rsport&utm_medium=read_more&utm_source=copylinkhttps://xn--80aalymh2c.25.xn--b1aew.xn--p1ai/omvd/obshestv-sovet/soviet-sostav

сообществу по роду занятий, спортсмен. Дмитрий Лян является вице-президентом Объединённой Федерации Таеквон – До «UTF – ITF Russia» Приморского края".[5] Объединённая Федерация Таеквон – До «UTF – ITF Russia» существует с сентября 2016 г. Федерация ITFв г. Находка существует с 2009 г. У истоков были люди неравнодушные к данному виду спорта – Лян Дмитрий Сергеевич, Карчёмкин Роман Владимирович, Цой Герасим Геннадьевич, Горонок Виктор Леонидович и Лян Владимир Александрович. На Чемпионате мира в Аргентине тренер Дмитрий Лян стал первым в российской истории обладателем ордена "Honor" за развитие и популяризацию тхэквондо ИТФ в России как массового спорта. Этот международный орден присваивается раз в три года.[6] Под руководством Дмитрия Ляна и других тренеров федерации находкинская команда приняла участие уже в пяти Чемпионатах мира. Благодаря их упорному труду сегодня тхэквондо ИТФ – самый массовый вид спорта в Находке, в секциях занимается более семисот человек. Свои первые шаги в этом виде спорта многие ребята делают еще с детсадовского возраста. Дмитрий Лян сообщил, что представителям Находки доверена высокая честь организовывать следующий Чемпионат мира по

---

5) https://utf-taekwondo.ru

6) Находкинцы станут организаторами Чемпионата мира по тхэквондо ИТФ в России 16 августа 2018 http://www.duma-nakhodka.ru/news/item/?sid=2912

тхэквондо ИТФ, который пройдёт в Москве в 2020 году.

Современные молодёжные организации имеют своего установленного или негласного лидера. Лидеры – это люди, которые ведут за собой, аккумулируют, обобщают различные мнения членов молодёжной группы. Их высказывания имеют полагающее значение для её участников, влияют на принятие решений, на выбор приоритетных направлений работы, организацию функционирования, на поведение членов организации. Эти люди в силу личностных качеств выделяются в группе достаточно быстро и пользуются всеобщим авторитетом.

Молодёжная организация является регулирующим органом, способствующим осуществлению деятельности общественных молодёжных движений. Она представляет собой устойчивую группу единомышленников, в которой формальные отношения могут растворяться в неформальных, заменяя их на формы непосредственных личных контактов.

Ключевым элементом участия в молодежных организациях являются конкретные практики – формы работы, которые реализуют молодёжные организации. Практики, направленные на осуществление внутренних мероприятий, рассчитаны на привлечение к деятельности уже состоявшихся членов организации. По содержанию они могут быть организационными: собрания актива, съезды, образовательными: конференции, разного рода образовательные курсы, программы, досуговыми: летние школы активистов, развлекательные мероприятия. Например, на всероссийском конкурсе "Лучшие практики наставничества" в феврале 2018 г. Сергей Мун стал лучшим в номинации "Наставничество в образовании и кружковом движении". Конкурс прошел в рамках первого всероссийского форума "Наставник — 2018". Сергей Мун представил практику "Сквозное наставничество в дополнительном техническом образовании на примере Центра развития робототехники" и одержал победу. "Система обучения и наставничества Центра развития робототехники признана лучшей в стране. Поздравляю всех сотрудников нашего Центра с победой. В конкурсе участвовало более 1600 практик. Спасибо организаторам и экспертам за высокую оценку нашей деятельности", написал в Контакте Сергей Мун.

Внешние формы активности ориентированы на привлечение внимания широкой общественности к молодёжной организации. Они подразделяются на общегражданские: демонстрации, манифестации в поддержку или против конкретных социальных явлений, информационные буклеты и листовки о деятельности организации, политически окрашенные: уличные митинги, приуроченные к политическим событиям, досуговые:

концерты на открытых городских площадках, проведение благотворительных акций в социальных учреждениях, детских центрах и т. д.

Выбор форм работы молодёжного центра зависит от целого ряда разных факторов. Специфика и объём организационной ресурсной базы, которыми обладает молодёжная организация, позволяют определять масштабность практик, устанавливать их конкретную тематику, задачи. Немаловажным является вопрос о наличии или отсутствии материальной поддержки со стороны административных органов власти населённого пункта (города, района).

Глава 2

Корейская молодёжь в Приморском крае

Ассоциация корейских организаций Приморского края (АКОРП) была учреждена 17 марта 2008 года. Она объединяет общественные организации корейцев, созданные во Владивостоке, Артеме, Уссурийске, Находке, Партизанске, Большом Камне, Спасске-Дальнем, Арсеньеве. Председатель АКОРП - Валентин Пак.

При активном участии АКОРП целенаправленно осуществляется ряд общественно значимых гуманитарных, культурных, спортивных программ. Среди них – совместные молодежные творческие фестивали в России и КНДР, ежегодный отдых приморских школьников на летних каникулах в пионерском лагере «Сандовон» в КНДР. В феврале 2016 года АКОРП совместно с администрацией

Приморского края и филиалом фонда «Русский мир» принимала во Владивостоке делегацию школьников из КНДР. Первым городом России, который посетили победители Первой всереспубликанской олимпиады по русскому языку при Пхеньянском институте иностранных языков в КНДР, стал Владивосток. Это - важное событие в российско-корейском гуманитарном сотрудничестве, которое украсило перекрестный Год дружбы Россия – КНДР. Посол России в КНДР А. Мацегора направил в адрес председателя АКОРП благодарность за помощь в организации и финансировании поездки делегации из КНДР.

Победители первой Всекорейской олимпиады по русскому языку в аэропорту Владивостока

Школьники из КНДР во Владивостоке.
https://primamedia.ru/news/579213/?from=37

Национально-культурная автономия корейцев Уссурийска и Приморского края на протяжении нескольких лет оказывает поддержку молодёжи.[1] При организации с 2008 года существует Ансамбль барабанщиков под руководством Ким Валерии Иннокентьевны. В репертуаре ансамбля современные произведения, а также произведения корейского национального фольклора. Ансамбль барабанщиков является постоянным участником различных конкурсов, фестивалей: Первый Приморский народный фестиваль «Единое Приморье» (2011г.), международный этно-фестиваль «Восточные лета» (2012г.), ежегодные фестивали национальных искусств «Хоровод дружбы»,

---

1) http://www.primorkkc.ru/

Уссурийск (2009-2016 гг.), Гран-при на Дальневосточном региональном конкурсе «Мы вместе», (Владивосток 2015г.), Гран-при на международном конкурсе «Мы вместе», г. Москва 2015, III место на конкурсе «Газпром открывает новые имена -2014» 2014 г. и т.д.[2]

Ансамбль барабанщиков «Хваран», стал лауреатом 1 степени в номинации «фольклор» на фестивале «Новые имена» в Томске в апреле 2018 года .Тё Глеб, 17 лет, солист ансамбля барабанщиков «Хваран» сказал: «Трудно найти увлечения по душе, которое бы по-настоящему нравилось. Мне повезло – я его нашёл. Я стараюсь постоянно улучшать свои навыки для того, чтобы у слушателя возникала дрожь во время моего исполнения, чтобы люди не жалели аплодисментов и восторженно кричали: «браво!». Только так я понимаю, что все мои труды не напрасны, они приносят удовольствие не только мне, но и окружающим».[3]

С 1995 г. проводятся выступления ансамбля "АРИРАН" не только в Приморском крае, но и в Южной Корее и других странах.

---

2) http://www.primorkkc.ru/ru/%D0%A2%D0%B2%D0%BE%D1%80%D1%87%D0%B5%D1%81%D0%BA%D0%B8%D0%B5%20%D0%BA%D0%BE%D0%BB%D0%BB%D0%B5%D0%BA%D1%82%D0%B8%D0%B2%D1%8B/%D0%90%D0%BD%D1%81%D0%B0%D0%BC%D0%B1%D0%BB%D1%8C%20%D0%B1%D0%B0%D1%80%D0%B0%D0%B1%D0%B0%D0%BD%D1%89%D0%B8%D0%BA%D0%BE%D0%B2.html

3) ЛАУРЕАТОМ 1-Й СТЕПЕНИ СТАЛ АНСАМБЛЬ БАРАБАНЩИКОВ «ХВАРАН» http://primorkkc.ru/ru/%D0%BD%D0%BE%D0%B2%D0%BE%D1%81%D1%82%D0%B8/laurieatom_1_i_stiepieni_stal_ansambl_barabanshchikov_khvaran.html

В Корейском культурном центре находится молодёжный центр "Поколение", члены которого активно занимаются волонтерской деятельностью. Председатель Национально-культурной автономии корейцев Приморского края Николай Ким в 2012 года учредил ежемесячную стипендию размером в две тысячи рублей за хорошую успеваемость и активную деятельность. Стипендию получают учащиеся из состава хореографического ансамбля "Ариран", ансамбля барабанщиков, "Корё", молодежного центра и Приморской краевой федерации тхэквондо ITF, которая взаимодействует с Национально-культурной автономией корейцев.

Алисе Сороквашиной 21 год. Она является студенткой ДВФУ, в котором она учится по специальности «Фундаментальная и прикладная лингвистика». За плечами у Алисы - диплом Приморского краевого колледжа искусств, отделения струнно-смычковых инструментов (по классу скрипки). Её прапрадедушка по бабушкиной линии (Пак Зинаиды Николаевны) играл на скрипке и даже попал к царю на праздник, посвященный 300-летию дома Романовых.[4]

---

4) АЛИСА СОРОКВАШИНА: «ВЫБРАТЬ СКРИПКУ ПОМОГ МНЕ МОЙ ПРЕДОК». http://primorkkc.ru/ru/%D0%BD%D0%BE%D0%B2%D0%BE% D1%81%D1%82%D0%B8/alisa_sorokvashina_vybrat_skripku_pomogh_ mnie_moi_priedok.html

Глава 3

Корейская молодёжь в Хабаровском крае

В Хабаровском крае с декабря 2004 г. действует Ассоциация корейских организаций Дальнего Востока и Сибири (АКОДВС). Она является коллективным членом Международной ассоциации национальных культур Хабаровского края и Ассамблеи народов Хабаровского края.

С декабря 2006 г. президентом АКОДВС является Бейк Ку Сен (Владимир Николаевич Бейк). За вклад в развитие дружеских отношений между российским Дальним Востоком и странами Корейского полуострова отмечен грамотой Президента Республики Корея, а также награжден Орденом Республики III степени Корейской Народно-Демократической Республики.

Хабаровская краевая общественная организация

"Корейский национальный молодёжный культурный центр "КОРЁ" (ХКОО "КНМКЦ "КОРЁ") была зарегистрирована 20 февраля 2003 г.(https://vk.com/korekhv). С 7 июля 2007 г. размещает информацию в социальной сети ВКонтакте (http://vk.com/korekhv).

Председатель корейского молодежного центра "КОРЁ" - Пак Юлия Станиславовна. Учредителями организации являются: Ким Пен Ги, Бейк Ольга Кусеновна, Цой Сергей Леонидович, Тен Евгений Енгунович , Ким Александр Сергеевич.

Центр «КОРЁ» был создан с целью объединения и координации корейской молодёжи в Хабаровском крае. Организаторы не ставили перед собой задачу найти универсальный способ повышения самооценки российских корейцев и решения множества различных проблем. Однако деятельность центра «КОРЁ» способствует более глубокому пониманию корейской культуры и истории, налаживанию контактов и взаимодействия между корейской молодёжью. «КОРЁ» является общественной организацией и не преследует коммерческой выгоды.

За годы существования корейским центром «КОРЁ» было организовано множество разных мероприятий. Некоторые из них уже стали традиционными, например, участие в национальном празднике Чусок. Регулярно проводятся семинары, посвящённые современным тенденциям в молодёжной корейской культуре. Члены молодёжного центра «КОРЁ» очень внимательно следят за всеми изменениями в корейском кинематографе, эстраде и моде, проводятся конкурсы караоке.

Центр «КОРЁ» тесно сотрудничает с другими национально-культурными центрами Хабаровского края. Никого уже не удивляет то, что корейцев можно встретить на татарских, армянских, украинских и еврейских праздниках. А в конкурсе «Мисс Сабантуй» корейские девушки традиционно завоёвывают «Приз зрительских симпатий».

В Хабаровске созданы условия для изучения корейского языка на базе образовательных учреждений. В гимназии № 4, № 8, школе № 77 осваивают корейский язык по федеральному стандарту. Выпускники могут сдавать ЕГЭ, выбрав корейский язык как иностранный.

Тихоокеанского государственного университета (ТОГУ) выступает центром образовательной и культурологической деятельности, отражающей интересы организаций и жителей Дальнего Востока России и стран, чьи языки изучаются и используются в процессе межкультурной коммуникации. Поддержку вузу оказывают правительства России, Республики Корея и Корейской Народно-Демократической Республики. 30 ноября 2018 г. в Педагогическом институте Тихоокеанского государственного университета прошла 21-я региональная олимпиада по корейскому языку. Инициаторами и организаторами мероприятия выступили: Корейский культурно-просветительский центр в г. Хабаровске, Авиакомпания Asiana Airlines, Общественная организация «Ассоциация корейских организаций Дальнего Востока и Сибири», Факультет востоковедения и истории (ФВИ) ТОГУ, объединение преподавателей корейского языка кафедры восточных языков.

Участвуют в работе молодёжного центра «КОРЁ» и многие студенты Педагогического института Тихоокеанского государственного университета, в частности студенты факультета востоковедения и истории. Нынешний руководитель Центра Юлия Станиславовна Ким является выпускницей Педагогического института ТОГУ. Одна из активных членов молодёжного центра "КОРЁ" и участница краевого конкурса "Мисс Достояние нации" (победитель в номинации "Мисс Грация") - Татьяна Ким, стала победительницей в студенческом конкурсе Тихоокеанского государственного университета "Татьянин день".

Хабаровская краевая общественная организация «Корейский национальный молодежный культурный центр «КОРЁ» при поддержке администрации г. Хабаровска в рамках программы «Содействие развитию институтов и инициатив гражданского общества в городе Хабаровске» на

2014-2020 годы реализовала проект «Юный техник». Ход проекта освещался в официальной группе ХКОО «КНМКЦ «КОРЁ» в социальной сети ВКонтакте (http://vk.com/korekhv), а также на образовательных и новостных порталах в сети интернет.

В 2018 г. молодежный корейский центр "КОРЁ" получил грант на реализацию своего проекта. Мы реализовали этот грант на проведение в августе Международного фестиваля корейской культуры и открытие межнационального культурного центра "Ариран". 30 сентября 2018 г. начал работу научно-просветительский проект "КОРЁ. Лекторий". Цель данного проекта является популяризация корейской истории, культуры, традиций и обычаев среди жителей и гостей Хабаровска.

Международный фестиваль корейской культуры проводится с 2005 года ежегодно при поддержке правительства Хабаровского края, администрации города Хабаровска, Ассамблеи народов Хабаровского края, Краевого научно-образовательного творческого объединения культуры, Международного "Хьюмен Клуба", г. Тэджон, Р. Корея, Корейского национального молодежного культурного центра «КОРЁ» и Молодежной ассамблеи народов Хабаровского края. Участие в фестивалях помогает знакомиться с корейской культурой представителям различных национальностей и усиливают интерес молодёжи. Ведь многие молодые корейцы не только имеют слабое представление о Корее, но и не владеют родным языком. Около двух тысяч хабаровчан посещают ежегодно Международный фестиваль корейской культуры. фестиваль корейской культуры – это семейный праздник, фестиваль дружбы между народами. В фестивале принимают участие не только корейские коллективы, но и русские, а также армянский танцевальный коллектив. Мы показываем, что дружба между людьми разных национальностей возможна, - рассказывает Людмила Цой, руководитель молодежного культурного центра Корейской культуры «Корё».[1]

Ежегодно в Хабаровске на базе Педагогического института Тихоокеанского государственного университета (ПИТОГУ) проходит Межрегиональная олимпиада по корейскому языку (잔치마당), во время которой учащиеся университетов, школ и курсов корейского языка рассказывают заранее подготовленные выступления и показывают творческие номера. 30 ноября 2018 года в Актовом зале ПИТОГУ состоялась XXI Межрегиональная олимпиада по корейскому языку.

---

[1] 14 августа 2016 Хабаровск http://www.dvnovosti.ru/khab/2016/08/14/54103 /#ixzz4JqnVZKzH

Заключение

На российском Дальнем Востоке было создано и действует множество общественных организаций, в том числе и молодёжных, которые стали своеобразными институтами по сохранению корейской самобытности и поддержания связей с КНДР и РК.

Специфика формирования общественных организаций российских корейцев на Дальнем Востоке России обусловлена не только территориальным воспроизводством, но и менталитетом, на который оказывает влияние коллективные представления и мифы об исторической родине.

В динамике социокультурных трансформаций немаловажную роль играет коллективная память этнических групп, поскольку ее условия и функции в обществе воздействуют на формирование идентичности этнической общности. Коллективная память о прошлом присутствует в структуре коллективного сознания современных этнических общностей и вовлекает отдельных представителей этносов в разнообразные социальные группы. Коллективная память о прошлом бывает двух типов - коммуникативная и культурная. Культурная память нуждается в официальной традиции, поскольку она опирается на знаковые системы, поддерживающие идентичность и закрепляется в институциональных формах - официально утверждаемых праздниках и годовщинах, гимнах, национальной символике.

Следует подчеркнуть, что работа в рамках молодёжной организации оказывает непосредственное влияние на его участников. Оно, как правило, позитивно окрашено, но может содержать и негативный элемент. К позитивным составляющим следует отнести такие: отношения, складывающиеся в молодёжной организации, приучают человека выполнять существующие социальные нормы, формируют ценностные ориентации, усваиваемые личностью, способствуют установлению нравственных базовых оснований жизнедеятельности.

В группе человек совершенствует свои коммуникативные навыки и умения: она придаёт участнику уверенность в себе, дарит множество положительных эмоций, необходимых для его психического развития и устойчивости, даёт возможность ощутить сопричастность, принадлежность к данной социальной общности, поддержку с её стороны.

Юноши и девушки, участвующие в работе молодёжных организаций, находятся в зоне интерактива – от своих сотоварищей получают вполне объективную информацию, позволяющую им правильно воспринимать и оценивать себя. Они на практике убеждаются, что в процессе выполнения рабочей группой, коллективом определённых целенаправленных действий, возникает эффект умножения усилий, что оказывает конструктивное влияние на сознание молодых людей. Например, в Хабаровском крае молодые корейцы приобретают ярко выраженную этническую идентичность, которая конструируются в процессе участия в различных мероприятиях и коммуникациях. В результате в Хабаровске возникают «воображаемые общности», основанные на вере в то, что они связаны естественными связями с исторической родиной. При этом в Приморском крае корейская молодёжь не имеет пока возможности самостоятельно приобщаться к этнической идентичности.

Среди факторов, влияющих на формирование этнической идентичности, выделяют: этнические границы, социальную и культурную дистанцию, этнический статус, психологические сходства и различия культур, этнические установки, глобальные изменения в социально-политической сфере и связанные с ними изменения в межэтнических отношениях; гетерогенность или гомогенность этнического окружения, особенности культурной среды. Наиболее оптимальной стратегией для выстраивания межэтнических отношений является стратегия, в которой интегрированы элементы этнической и гражданской идентичности.

Проблемы социальной и культурной интеграции этнических общностей напрямую связаны с процессами этнической и культурной идентификации, поэтому необходимо исследовать процессы самоидентификации этнических общностей в современном полиэтничном окружении. Корейская общность представляет собой гомогенную группу, объединенную общими и разделяемыми всеми представлениями о себе как корейцев. Иными словами, корейские общности являются группой лиц, обладающих общей этнической идентичностью. Среди корейских общностей выделяются различные группы, с ярко выраженными маркерами регионов исхода и целей пребывания. Однако в молодёжной среде этот маркер не является важным.

В последние двадцать лет несколько возрос интерес российских корейцев к своей исторической родине, культуре, языку. Во многих регионах России были открыты корейские культурные центры, классы по изучению истории Кореи, культуры и языка. Молодежь и дети изучают корейский язык и культуру, но при этом не отождествляют себя с исторической родиной и «южными» корейцами, оставаясь частью поликультурной России.

Говоря об идентичности корейских общностей, мы имеем дело с набором равновесных идентичностей, в которых этническая идентичность находится на таком же месте, как и гражданская, профессиональная, территориальная и т.д. В качестве одного из определяющих признаков корейской этнической общности является выраженная культурная идентификация членов этнической группы. В данном случае, можно говорить о наличии динамического процесса поиска точек соприкосновения и о конструировании общей идентичности на основе уже имеющихся идентичностей. Члены миграционной этнической группы содержат в себе сходные наборы идентичностей, и отличаются рейтингом некоторой базовой этнической идентичности.

В межэтническом взаимодействии корейцы демонстрируют позитивные межэтнические установки и стремление к коммуникации, осуществляемые главным образом над этническими границами, что ведет к сокращению социальной дистанции и ослаблению границ между корейской диаспорой и полиэтничным окружением. На современном этапе в связи со сменой поколений память о политической дискриминации стирается, и элементы конфронтации российских корейцев не проявляются, что ведет к тенденции интеграции в социально-политическую систему региона.

В целом у молодых дальневосточных корейцев наблюдается преобладание ориентации на инновационные ценности, демократические институты и потребительские имиджи. В социальных практиках наблюдается позитивное отношение к межэтническому взаимодействию и совместному труду с представителями других национальностей.

[Приложение 1]

Молодежная организация корейцев Приморского края "Будущее" (미래) (МИРЭ)

Молодёжная организация корейцев Приморского края «Мирэ» была учреждена 27 октября 2018 г. Председатель – Виктор Дмитриевич Мин.

Электронная почта: minnp@mail.ru.

Молодёжный форум корейцев Приморского края был проведён при поддержке Национально-культурных автономий Уссурийска, Артёма, Находки, Партизанска и Большого Камня, а также Бизнес-клуба «Вон дон» Приморского края 27 октября 2018 г. во Владивостоке.

Организаторами форума были представители Национально-культурных автономий корейцев Артема - Ким Татьяна Николаевна, Находки - Хегай Георгий Алексеевич, Большого Камня- Ким Лора Николаевна, Владивостока - Мороз Раиса Николаевна, Партизанска - Хан Владимир Владимирович и бизнес-клуб "Вон Дон"- Ан Никита.

На дискуссионной площадке Форума обсуждались цели, задачи и планы Молодежной организации корейцев, проект положения МОК, определены основные сферы деятельности молодежного движения, обсуждались будущие проекты МОК. В процессе работы было принято решение создать

Молодежное объединение корейцев Приморского края "МИРЭ". От каждого города был выбран координатор, из числа которых был избран председатель Мин Виктор Дмитриевич.

В работе Форума принимали участие делегации из Владивостока, Находки, Артёма, Уссурийска, Большого Камня, Партизанска.

На базе отдыха "КОМЕТА" состоялся первый молодежный форум корейцев Приморского края.

◎ Мин Виктор Дмитриевич

Встреча представителей Ассоциации корейских организаций Приморского края (АКОРП) с врио губернатора Приморского края Олегом Кожемяко состоялась в День Конституции РФ. В Центре национальной культуры (г. Артем), в украшенном уже по-новогоднему парадном зале отеля «Райтекс», собрался цвет приморской корейской диаспоры: известные ученые, бизнесмены, врачи, спортсмены, люди искусства. Они приехали со всех уголков края: Владивосток, Артем, Уссурийск, Находка, Большой Камень, Партизанск, Шкотовский район.

Валерия Ким, представитель молодёжного объединения корейцев «Мирэ» (г. Находка), председатель молодежной организации «Мирэ» Виктор Мин, Олег Кожемяко, губернатор Приморского края, Председатель Ассоциации корейских организаций Приморского края Валентин Пак.

О. Кожемяко со спортсменами по тхэквондо ИТФ, чемпионами России, Европы, Азии, Мира (слева направо): Сергей Ким, Дмитрий Лян, Алексей Ким, Кристина Ким. фото: А. Маслянко (https://konkurent.ru/article/20910)

Олег Кожемяко беседует с представителями корейской диаспоры Находки и Владивостока (слева направо): Валерия Ким, представитель молодёжного объединения корейцев «Мирэ» (г. Находка); Георгий Хегай, заместитель председателя Национально-культурной автономии г. Находка, Тина Сон – старший преподаватель кафедры корееведения ДВФУ, Стелла Ли, предприниматель.
Лариса РЕКОВА, фото Александра МАСЛЯНКО. Газета "Золотой Рог", 19.12.2019 г. Владивосток.
https://akorp.org/korejskaya-diaspora-primorya-vmeste-s-olegom-kozhemyako-za-vozrozhdenie-kraya-foto/ http://zrpress.ru/politics/primorje_19.12.2018_92459_korejskaja-diaspora-primorja-vmeste-s-olegom-kozhemjako--za-vozrozhdenie-kraja.html

◎ Мун Сергей

Сергей Мун из Владивостока стал лучшим в России наставником в образовании. За победу директору Центра развития робототехники дали 300 тысяч рублей

Общество 15 февраля 2018

Директор Центра развития робототехники в Приморье Сергей Мун, на всероссийском конкурсе "Лучшие практики наставничества" стал лучшим в номинации "Наставничество

Директор Центра развития робототехники Сергей Мун и генеральный директор компании DNS Дмитрий Алексеев. Фото: https://vk.com/id11567689

в образовании и кружковом движении". За 1-ое место ему вручили денежную премию в размере 300 тысяч рублей. Конкурс прошел в рамках первого всероссийского форума "Наставник — 2018", который состоялся с 13 по 15 февраля в Москве, сообщает ИА PrimaMedia.

Заявки на участие во всероссийском форуме подали более 10 тысяч человек. В конкурсе "Лучшие практики наставничества" было представлено около 1600 практик в таких номинациях как: "Наставничество на производстве", "Наставничество в бизнесе и предпринимательстве", "Наставничество в социальной сфере", "Дети учат детей" и "Наставничество в образовании и кружковом движении". В этой номинации Сергей представил практику "Сквозное наставничество в дополнительном техническом образовании на примере Центра развития робототехники" и одержал победу.

На своей страничке "ВКонтакте" Сергей Мун поздравил всех сотрудников Центра развития робототехники в Приморском крае и поблагодарил организаторов и экспертов всероссийского форума "Наставник – 2018".

"Система обучения и наставничества Центра развития робототехники признана лучшей в стране. Поздравляю всех сотрудников нашего Центра с победой. В конкурсе участвовало более 1600 практик. Спасибо организаторам и экспертам за высокую оценку нашей деятельности", —

поделился Сергей Мун.

Соучредителем Центра развития робототехники является Дмитрий Алексеев, генеральный директор компании DNS, который также присутствовал на всероссийском форуме.

В Центре развития робототехники отдают приоритет нескольким направлениям: инженерное творчество, электроника, программирование, механика. Большое внимание уделено разработке и эксплуатации подводных роботов. Обучаться в центре может любой желающий, но большинство образовательных программ рассчитано на детей в возрасте 6-18 лет. В робототехническом центре есть и студенты, которые работают над проектной деятельностью под руководством инженеров.

Представители приморского центра занимают призовые места по робототехнике не только в России, но и во всем мире. Осенью прошлого года на Всемирной робототехнической олимпиаде (World Robotics Olympiad) в Коста-Рике ребята из Владивостока обошли все города и страны в медальном зачете. Чемпионы привезли домой два золота и одно серебро. Также, в декабре 2017 года состоялся Робофест-Хабаровск, на котором все пять команд от приморского Центра развития робототехники заняли первые места. Сотрудники центра стараются развивать у детей техническое творчество, чтобы в будущем ребята смогли стать профориентированными в области инженерии.

Подробнее: https://primamedia.ru/news/669843/

Сергей Мун рассказывает Владимиру Путину и Си Цзиньпину про Центр развития робототехники и конструкторы по подводной робототехнике. Фото — dvfu.ru Сентябрь 2018 г.

10 лет под водой. Интервью с Сергеем Муном 17.09.2018 Александр С. Гагарин http://edurobots.ru/2018/09/underwater/

Сергей Мун http://old.vlc.ru/life_city/youth_policy/Est-za-chto/Mun.php

Молодежная премия «Есть за что!» в области науки вручается ведущему инженеру Специального конструкторского бюро по подводной робототехнике Сергею Муну.

Сергей уже шестой год занимается подготовкой команд по подводной робототехнике и спортивному программированию. За это время команда из Владивостока дважды становилась чемпионом мира по подводной робототехнике.

В сентябре студенческая команда по подводной робототехнике Дальневосточного федерального университета вернулась из научно-производственной экспедиции в восточный сектор Арктики. Ангелина Боровская, Роман Бабаев, Виталий Нечаев, Владислав Болотов под руководством Сергея Муна провели в морском походе на судне «Профессор Хлюстин» почти 50 дней. Подробнее: http://primorye24.ru/news/exclusive/34754-sozdatel-luchshih-v-mire-podvodnyh-robotov-v-nashey-komande-ostayutsya-lish-samye-stoykie.html

◎ Эм Павел[1]

об актуальном положении этнических корейцев в Корее и процессах глобализации, кандидат географических наук, Нидерланды, Амстердам

Q. Павел, спасибо, что согласился на интервью, я очень впечатлена твоим резюме и таким насыщенным академическим опытом, расскажи, пожалуйста, как и почему ты выбрал именно географическое направление?

---

1) ДЕКАБРЯ 2018 АВТОР: KOREUSARAM

А. Я закончил школу с серебряной медалью в г. Партизанске, Приморского края и поскольку в 11 классе я занял призовое место в краевой олимпиаде по географии, этот предмет был засчитан при поступлении в университет на 100 баллов. Я с детства любил географию, у нас был очень хороший учитель по географии в школе. Видимо, все эти факторы повлияли на мой выбор. Я знал, что очень мало людей остаются работать по специальности, поэтому, в первую очередь, руководствовался своими личными интересами. После окончания школы я поехал учиться во Владивосток и закончил Дальневосточный государственный университет с красным дипломом. Так сложилось, что и в университете на последних курсах, я начал заниматься исследованиями городов Кореи. Мне повезло встретить доцента Дальневосточного университета Л.И. Рябинину, под руководством которой мои работы дважды были признаны лучшими на престижной ежегодной конференции ЛОМОНОСОВ в Московском государственном университете. Эти победы стали своеобразным билетом в московскую аспирантуру. Днем я работал в сфере логистики, чтобы прокормить себя, а по ночам писал диссертацию. Никогда не забуду это насыщенное и тяжелое время (смеется). В заключительный год обучения в аспирантуре я ездил в Сеул на несколько месяцев для поиска материалов, а по возращению защитил диссертацию. Еще во время обучения в аспирантуре меня взяли на должность младшего научного сотрудника в Институт географии Российской академии наук, а вскоре после защиты – повысили до научного сотрудника. Таков был мой путь входа в академическую среду.

Q. А почему ты выбрал именно Корею и работал по этому региону?

A. Корея, а вернее корейские города — это мой основной объект исследования. У меня почти все исследования по Корее, хотя есть несколько работ по Московскому региону. Корейский язык я изучал со школы. В Партизанске была и есть корейская ассоциация и при ней были организованы курсы для детей, где нас учили писать и читать. В время учебы в университете я три года учил язык при корейском образовательном центре. За это время я очень хорошо поднял свой уровень. В нашей семье есть важная особенность — мы всегда говорили на корейском. Наши бабушки говорили с нами только по-корейски и дали нам очень большой словарный запас. Поэтому на слух я всегда хорошо воспринимал корейский язык, несмотря на то, что не мог полноценно говорить на нем. Сейчас я снова занимаюсь корейским, потому что для моей академической карьеры мне нужно поддерживать высокий уровень.

Q. Видимо, связь с корейской землей и географией у тебя присутствовала с детства?

A. Да, связь с этим направлением присутствовала, но я всё-таки ориентировался на свои интересы. Видимо, это как-то связано и с моим происхождением. Мои родители родились в колхозе «Правда» в пригороде Ташкента. Моя мама была заведующей детского сада, папа был строителем. После того, как мы переехали в Партизанск в 1991 году, моя семья занималась «кобонди» долгое время. Мои родственники были удивлены, что я пошел в науку. Родители никогда не заставляли меня учиться, я сам выбрал этот путь. Они часто нам говорили: «Хотите выбиться в люди, нужно получить образование». Сколько я себя помню, я всегда был отличником. У меня большая семья с 6 детьми и я самый младший, мои братья и сестры всегда меня поддерживали, поскольку я самый младший. Несмотря на то, что мы все уже разъехались и все живут в разных странах, мы часто приезжаем в гости к родителям в Приморье.

Q. Изучением каких вопросов ты занимаешься на данный момент?

A. На данный момент я изучаю сжимающиеся города (теряющие население) Республики Корея. Пишу в основном для международных журналов. В России я уже достаточно известен в научных кругах, совсем недавно на базе моего родного университета вышла моя первая монография на русском языке. За рубежом недавно опубликована моя большая статья в главном академическом журнале по Северной Корее, которую я написал после посещения Северной Кореи 2 года назад. В ней я выделил особенности северокорейских городов, а также провел сравнительный анализ урбанизации а ее провинциях. Недавно я переехал из Франции в Нидерланды чтобы продолжать свои исследования, ведь научная жизнь, это как мобильный транспорт, который нужно постоянно менять.

Q. Сможешь ли ты повторно заехать в Северную Корею

после этой публикации?

A. Я использовал определенную научную методику и оперировал государственными цифрами, которые представлены в результатах переписи населения, а также ориентировался на факты, которые я видел на месте. Я постарался сохранить нейтральную позицию, поэтому грязной критики, которая присутствует во многих англоязычных публикациях у меня отсутствует.

Q. Что касается критики, кто является твоим научным куратором и к кому ты обращаешься за советом?

A. На данный момент у меня нет определенного куратора. Здесь я предоставлен самому себе и занимаюсь вопросами, которые интересуют меня. Мне все более интересно заниматься междисциплинарными вопросами. В отделе социально-экономической географии при Институте географии РАН у нас не только очень дружный коллектив, там очень богатая интеллектуальная среда. По всем вопросам старшие коллеги могут дать дельный совет, подсказать, направить, и самое важное — сделать замечания. Я им за это очень благодарен, они действительно светлые умы.

Q. Если говорить о теме идентичности, у тебя всегда была достаточно сильная связь с Кореей, ты слышал с детства корейский язык, общался со своей бабушкой. Скажи, пожалуйста, как тебя воспринимают южные корейцы?

А. Если честно, многие принимают за своего, но когда мы начинаем говорить они понимают, что я иностранец. Я всегда говорю, что я корёин. Таки образом, все потом встаёт на свои места (смеется). В школе я любил кей-поп и их стиль одежды. Мои учителя часто говорили, что я выгляжу как южнокорейский подросток. Сейчас я уже не настолько похож на южнокорейца, чтобы меня можно было с ними спутать, хотя они часто меня воспринимаются за своего.

Q. А как ты сам себя чувствуешь?

А. Это очень философский вопрос. Я помню, что в детстве, когда мне было 10-12 лет и папа смотрел спортивные соревнования, я всегда болел за Корею, объясняя это тем, что мы корейцы, поэтому мы должны болеть за Корею и всегда удивлялся, почему папа болеет за Россию (смеётся). А сейчас я понимаю, что патриархальные общественные правила, относимся с почтением к старшим, но в тоже время мы — русские. Мы получили российское образование, окончили российские высшие учебные заведения, можно сказать, прошли русскую школу жизни. Поэтому мы такие, 50 на 50. В нашей

Павел Эм с матерью в Находке

жизни есть такой парадокс: мы чужие и здесь, и там. В Корее на нас смотрят немного свысока, в России я чаще всего слышал в свой адрес, что я китаец, несмотря на то, что я родился в этой стране, являюсь полноправным членом общества, все-таки я остаюсь чужим как для корейцев, так и для россиян.

Q. Как ты считаешь это трагедия или же толчок вперед?

A. Я считаю, что для меня лично — это большой плюс, который постоянно стимулирует мое развитие. У нас есть такие преимущества, как корейское трудолюбие, и в тоже время русская смекалка. Я не назову это хитростью, скорее жизненной смекалкой, потому что современная корейская молодежь имеет отличные от наших понятия жизни. Мы более рациональны, выучены русской школы жизни и поэтому быстро и гибко реагируем на жизненные обстоятельства в любой ситуации. Я не могу говорить за других людей, за другие поколения, это мое личное мнение.

Q. Где ты себя ощущаешь более комфортно? Где ты видишь себя в будущем?

A. Если честно, в Корее я чувствую себя белой вороной, не знаю почему. Мне кажется, я даже отличаюсь от них внешностью, хотя другие придерживаются другой точки зрения. В России, мы остаемся представителями другой расы, мне всегда было немного обидно, что в Москве у меня спокойно могут попросить предъявить документы, хотя я прилично выгляжу. Такие знаки говорят о присутствии недоверия, а также плохом уровне воспитания и образования людей. Я вижу себя больше в США, в мультинациональный среде. Конечно, там тоже присутствует доля переигранности, но в целом, отношение ко всем равное и мне это по душе.

Q. Недавно ты из Парижа переехал в Амстердам. Нравится ли тебе многонациональность Франции и моно национальность французов, которые так гордятся своим языком и культурой?

A. Франция – страна парадоксов, с одной стороны, она наполнена мигрантами: арабами, африканцами, китайцами, с другой стороны — французы помешаны на своем языке. С французами я общаюсь мало, но у меня сложилось впечатление, что у них достаточно снисходительное отношение к мигрантам, которые не знают языка. Они любят свой язык и не терпят, когда кто-то говорит на нем неправильно. Поэтому, лучше либо промолчать, либо говорить по-английски.

Q. Как ты думаешь , Какое будущее поколение корейцев? Ты говоришь, что многие чувствую себя не на своем месте?

A. Знаешь, я много путешествую по всему миру и наблюдаю тенденцию к глобализации. Этот процесс идет по всему миру. Лет 20 лет назад невозможно было себе представить, что находясь в Париже, можно будет есть японский рамен, который будет очень похож на тот, что подают в Токио. И Европа и Америка сейчас очень сильно разбавились этнически и становятся одним большим домом для представителей всех культур. Думаю, что лет через 50 вопрос о комфортной среде с точки зрения этнической или расовой дискриминации будет стоять уже не так остро и везде будет примерно одинаково, я вижу предпосылки к этому. Например, я как-то нашел северокорейский ресторан в Бразилии. Думаю, что лет 20 назад это невозможно было даже представить.

Q. Как ты думаешь что общего и много ли общего между южными и этническими корейцами? На данный момент очень остро стоит вопрос о положении наших корейцев в Корее. Какое у тебя по этому поводу мнение?

A. Я считаю, что среда, в которой мы вырастаем определяет наши взгляды на жизнь. Мы немного недопонимаем друг друга, поскольку выросли в совершенно разных условиях. Я заметил, что корейцы смотрят на корёинов свысока, а наши, немного недолюбливают их, считая их инфантильными и недальновидными. В современном южнокорейском обществе есть одна большая проблема – демография, а именно – старение и перспектива на убыль населения. Демографические прогнозы на 2050 г. показывают, что в Республике Корея сильно сократится как число, так и доля налогоплательщиков, при увеличении доли стариков. Это произошло из-за фантастического экономического прорыва этой страны. Однако, говоря об этом восхитительном прорыве в т.ч. и в качестве и уровне жизни, многие забывают сказать о том, что не менее стремительно снизилась фертильность, т.е. среднее количестве детей, приходящихся на одну женщину. Сегодня она немного превышает 1, т.е. вскоре будет отмечена естественная убыль населения, когда количество рожденных будет меньше, чем умерших. Демографическая проблема уже стоит на повестке дня, и острота ее вскоре будет, возможно, даже сильнее, чем северокорейская проблема. В демографии существуют теории демографических переходов. Первые два связаны с процессами снижения воспроизводства в силу повышения уровня образования женщин, их вовлечения в экономику и более эгоцентрической системой ценностей. Если говорить простым языком, то по мере развития страны, люди больше стремятся к личному развитию и затягивают, либо вовсе отказываются от создания семьи и рождения детей. Эти процессы происходят во всем мире. Концепция третьего демографического перехода предполагает, что выровнять ситуацию со старением населения можно при помощи притока иностранцев, которые еще не практикуют подобную модель воспроизводства. С этой точки зрения русскоязычные корейцы – это спасательная шлюпка для Кореи. Мы этнически идентичны. Я считаю, что пока у Кореи есть финансовые возможности, она должна помогать корёинам учить язык и всячески поддерживать их в процессе адаптации их в свое общество. За счет нас они могут решить эту проблему. Для наших корейцев главная проблема – это незнание языка. Именно по этой причине большая их часть могут устроиться только на низкооплачиваемую работу. Если они будут хорошо знать язык, это будет уже совсем другой разговор. Это одна из мер, которую они, я надеюсь, примут в скором времени, иначе скорость их старения будет можно будет сравнить с пресловутым экономическим чудом на реке Ханган.

А. Я думаю, каждый из нас спрашивал себя «Кто я?». Несмотря на то, что мы живем в Европе и заключаем браки с европейцами, интерес к нам будет возрастать. Мы — странные люди азиатской внешности, приехавшие из стран бывшего СССР, говорим по-русски, кушаем морковчу, называя ее корейской салатом, про которую в Корее никто не знает (смеется). Когда я рассказываю своим зарубежным друзьям, они все удивляются как мы сюда попали. Видимо, наша жизнь в странах бывшего СССР вызывает в их голове какой-то парадокс.

Автор: Светлана Ким. Фотографии: Павел Эм. Материал был опублик ован в газете «Российские корейцы». Все права защищены.

◎ Городской Округ Членов Находкинской Федерации Тхэквондо

В актовом зале администрации городского округа глава Находки Борис Гладких вручил благодарственные письма и почётные грамоты спортсменам, вернувшимся с победами с чемпионата мира по тхэквондо ИТФ, сообщает «НовостиНаходки.рф» со ссылкой на администрацию города.
http://nhknews.ru/v-naxodke-vrucheny-nagrady-medalistam-chempionata-mira-po-txekvondo-itf/

От имени депутатов городского округа членов находкинской федерации тхэквондо за достигнутые результаты наградил председатель Думы Александр Киселёв. Борис Гладких поблагодарил победителей за достойные выступления на статусных международных соревнованиях, которые прошли в Аргентине с 1 по 5 августа, и поздравил с высокими спортивными достижениями. Со словами признательности глава города обратился к тренерам находкинской федерации тхэквондо и родителями юных спортсменов. «Ваша победа – знаковое событие для Находки, Приморского края, да и для всей России, — подчеркнул глава городского округа. – Развитию спорта в Находке всегда уделялось большое внимание, администрация города и в дальнейшем будет поддерживать деятельность, направленную на привлечение в спорт детей и молодёжи». Борис Гладких рассказал, что в городе возрождён футбольный клуб «Океан», генеральным спонсором команды решила выступить компания «Малый Порт».

Напомним, в чемпионате мира по тхэквондо ИТФ в аргентинском Буэнос-Айресе принимали участие более тысячи спортсменов из 30 стран мира. Россию представляли 16 человек, девять из которых – находкинцы. Золотые медали привезли с чемпионата Алексей Ким и Александр Гибало, серебро – Владимир Лигай и Руслан Азаров. Бронзовым призёром стал Сергей Ким. Находкинские спортсмены достойно проявили себя в спаррингах. Обладателями серебряных медалей стали Александр Гибало и Кирилл Павлов. Бронза у Сергея Кима. Кроме того, Александр Гибало (воспитанник тренера Сергея Кима) получил международный титул «Лучший спортсмен Чемпионата среди юниоров». Впервые в истории российского тхэквондо главный тренер Приморской сборной, вице-президент общественной организации объединённой федерации тхэквондо ИТФ Дмитрий Лян удостоен ордена «За заслуги и развитие тхэквондо ИТФ». Награду ему вручил Президент международной федерации, сын основателя тхэквондо Чой Джун Хва.

В рядах федерации тхэквондо в Находке состоит около 700 спортсменов. Тренеры активно работают с подрастающим поколением. Около 200 детей занимаются этим видом спорта с раннего возраста в детских садах. Секции тхэквондо открыты при школах и колледжах. Как рассказал Дмитрий Лян, чемпионаты мира по тхэквондо проводятся в разных странах раз в два года. Для находкинской федерации, работающей в городе с 2009 года, это уже пятый чемпионат, на котором наши спортсмены уступили в боях только хозяевам соревнований, продемонстрировав отличную школу боевых искусств.

Соревнования по тхэквондо ИТФ прошли в городе Янцзы (КНР). Участие в них приняли спортсмены из Китая, Южной Кореи и России. Приморский край был представлен командами из разных городов и районов. В состав российской сборной вошли около 40 юных воспитанников находкинских клубов. Ребята продемонстрировали высокий уровень подготовки и вернулись в родной город с многочисленными наградами разного достоинства, сообщает «НовостиНаходки.рф» со ссылкой на городскую администрацию.

http://nhknews.ru/15-yunyx-zhitelej-naxodki-privezli-medali-s-mezhdunarodnogo-turnira-po-txekvondo/

13.02.2019

Победителями на международном турнире стали 15 находкинцев. Причём, некоторые привезли по два «золота», заслужив звание абсолютных чемпионов соревнований, а восьмилетний Ярослав Фомка получил сразу три золотых медали в разных категориях. Такие результаты глава Находки Борис Гладких назвал потрясающими и выразил благодарность тренерам за подготовку спортсменов, способных достойно представить город на соревнованиях самого высокого уровня. «Отдельное спасибо я хотел бы сказать и родителям этих талантливых ребят, ведь основа характера, воспитания закладывается именно в семье», — подчеркнул он.

Борис Гладких вручил благодарственные письма администрации Находки тренерам Дмитрию Ляну, Сергею Киму, Алексею Киму и Кристине Ким за пропаганду спорта и здорового образа жизни, воспитание чемпионов. Второклассник из школы № 7 Ярослав Фомка также был награждён за выдающиеся спортивные результаты.

Как рассказал вице-президент объединённой федерации ИТФ Рус Приморского края Дмитрий Лян, находкинцы уже в пятый раз принимают участие в международных соревнованиях по приглашению партнёров из Китая. «Достойно выступил каждый, кто вышел на татами или даянг, даже если не получил медаль. Без поражений вы не почувствуете вкуса победы», — обратился тренер к своим воспитанникам.

Добавим, в этом году находкинская федерация тхэквондо отметит своё десятилетие. Именно с Находки началось успешное развитие этого вида спорта в Приморье.

Победители международного турнира 2019 г. в Находке.

Дмитрий Сергеевич Лян родился 21-го ноября 1984 года. Окончил Государственный институт физической культуры и спорта и Владивостокский государственный университет экономики и сервиса. На данный момент обладатель 6-го

Дана Тхэквондо(ITF), имеет 2 Дан по Тхэквондо(WTF). Инструктор международной категории. Судья категории А. Стаж инструктором 16 лет. Воспитал чемпионов России, Европы и чемпионов мира среди юниоров. Чемпион мира

2007 (Италия), Призер мира (Канада)

https://utf-taekwondo.ru/trener-1/

5 августа 2018 г. Дмитрий Сергеевич Лян был награжден почетным орденом от федерации Taekwon-do ITF, самим гран мастером IX дана Чой Джунг Хва легендой из Южной Кореи за вклад и развитие тхэквондо и тренерскую деятельность, популяризацию тхэквондо как массового спорта.

◎ Хабаровская краевая общественная организация "Корейский национальный молодёжный культурный центр "КОРЁ" (ХКОО "КНМКЦ "КОРЁ")

Дата регистрации 20.02.2003 г. https://vk.com/korekhv

Председатель Правления: Пак Юлия Станиславовна

Учредители: Ким Пен Ги , Бейк Ольга Кусеновна , Цой Сергей Леонидович , Тен Евгений Енгунович, Ким Александр Сергеевич

Тел.: +7 (984) 261-30-99 ул. Дикопольцева, 26, Хабаровск • Оф. 2

Ведёт активную деятельность «В контакте» ВК с 07 июля 2007 г.

Центр входит в Ассоциацию корейских организаций Дальнего Востока и Сибири (АКОДВС).

Ассоциация корейских организаций Дальнего Востока и Сибири создана 16 декабря 2004 года. Главная цель деятельности этой организации – консолидация усилий действующих на территории Хабаровского края (а в перспективе и всего Дальневосточного Федерального Округа) общественных организаций, направленных на национальное культурное возрождение российских корейцев, а также развитие культуры межэтнических отношений. Деятельность Ассоциации корейских организаций Дальнего Востока и Сибири спланирована таким образом, что через ее членов охватывается практически вся корейская диаспора Хабаровского края.

Руководитель - президент ассоциации Бейк Владимир Николаевич. www.akodvs.ru

Встреча актива молодежного корейского центра "КОРЁ" с корейской студенческой делегацией из Сеула, 2018 г. Третий слева - президент АКОДВС Владимир Николаевич Бейк (Бейк Ку Сен).

http://muniver.khstu.ru/nasha-malaya-rodina-dalnij-vostok/2011/12/19/korejskij-centr-koryo-sohranyaya-tradicii/

Журнал № 5 - 2011(7), рубрика: "Наша малая Родина - Дальний Восток"

Юлия Пак – председатель

30 сентября 2018 г. началась деятельность научно-просветительского проекта "КОРЁ. Лекторий". Цель данного проекта: популяризация корейской истории, культуры, традиций и обычаев среди жителей и гостей Хабаровска.

30 сентября2018 г. на площадке перед открывшимся межнациональным культурным центром "Ариран", прошел фестиваль корейского урожая - "Чхусок". Фестиваль был проведен при поддержке Ассамблеи народов Хабаровского края, Ассоциации корейских организаций Дальнего Востока и Сибири, и молодежного корейского центра "КОРЁ".

4 ноября 2018 г. в Хабаровске, на территории перед

спортивно-развлекательным комплексом "Платинум Арена", прошел фольклорно-этнографический фестиваль "Россия объединяет". Фестиваль проводится с целью содействия укреплению единства российской нации и этнокультурному развитию народов в крае. В празднично – концертной программе были представлены тематические театрализованные, вокально – хореографические композиции и массовые флешмобы: «Хоровод дружбы», песенный флешмоб «Мы единое целое».

Были различные интерактивные развлекательные площадки (тематические фотозоны, кузница и многое другое), выставка-продажа национальных кухонь (плов, самса, чак-чак, пахлава, манты, долма, кутабы, люля-кебаб, чурчхела, осетинские пироги и многое другое), работа полевой кухни, выставка-продажа изделий ручной работы.

В фестивале приняли участие и члены молодежного корейского центра "КОРЁ". Наши красавицы продемонстрировали корейский национальный костюм - ханбок, а также все желающие смогли с ними сфотографироваться в рамках запланированного мероприятия.

#kore_khv #Россия_объединяет #день_народного_ единства

4 ноября 2018 г. члены молодежного центра "КОРЁ" приняли участие в празднованиях Дня народного единства в Хабаровске.

В ноябре 2018 г. члены организации "КОРЁ" приняли участие в акции "Ночь искусств" в Дальневосточной государственной научной библиотеке. Наши девушки продемонстрировали прекрасный танец с веерами.

Вечером 4 ноября, в Дальневосточной государственной научной библиотеке (ДВГНБ), молодежный корейский центр "КОРЁ" принял участие в проекте "Ночь искусств". Прекрасные девушки - активистки нашего корейского центра "КОРЁ", исполнили танец с веерами, а гости смогли поучаствовать в мастер-классе по корейской письменности.

#kore_khv #ночьискусств #танецсвеерами #한;글 #우;리는하나 #부;채춤

Корейский молодежный центр "КОРЁ" 4 ноя 2018

11 ноября 2018 г. председатель корейского молодежного центра "КОРЁ" - Пак Юлия Станиславовна, приняла участие во втором краевом конкурсе "Мисс Достояние нации". Она завоевала титул "Мисс Обаяние".

Победительницы второго краевого конкурса "Мисс Достояние нации" 2018 г., г. Хабаровск.

Школа иностранных языков East 東 Side | Хабаровск 18 ноября 2018 провела встречу с участием членов молодежного центра "КОРЁ

Январь 2019 г.

https://vk.com/korekhv?w=wall-279881_4611%2Fall

Всем доброго вечера! А у нас хорошие новости в Татьянин день, связанные с Татьяной. Да-да, чудеса бывают... Одна из наших активных членов молодёжного центра "КОРЁ" и участница краевого конкурса "Мисс Достояние нации" (победитель в номинации "Мисс Грация") - Таким образом, Татьяна стала лучшей Татьяной в университете. Поздравляем победительницу и желаем только успехов в жизни!

Татьяна Ким - победительница в студенческом конкурсе Тихоокеанского государственного университета "Татьянин день".

27 февраля 2019 г. в Дальневосточной государственной научной библиотеке состоялся традиционный праздник родного языка «Родной язык — душа народа» для учащейся молодежи города. Традиционный праздник родного языка предназначен для всех, кто любит родной язык и литературное наследие своего народа. В нем приняли участие корейский молодёжный центр "КОРЁ", который представил игру в ют, представители национальных объединений в составе «Ассамблеи народов Хабаровского края», творческие коллективы, деятельность которых способствует сохранению родных языков и формированию межкультурного диалог.